ANNE SCHELLER

Dicke Luft in der Weihnachtsbäckerei

DIESES BUCH LESEN

....

....

&

....

....

ANNE SCHELLER

DICKE LUFT IN DER WEIHNACHTSBÄCKEREI

MIT ILLUSTRATIONEN VON STEFANIE KLAßEN

Boje

Originalausgabe

Die Bastei Lübbe AG verfolgt eine nachhaltige Buchproduktion. Wir verwenden Papiere aus nachhaltiger Forstwirtschaft und verzichten darauf, Bücher einzeln in Folie zu verpacken. Wir stellen unsere Bücher in Deutschland und Europa (EU) her und arbeiten mit den Druckereien kontinuierlich an einer positiven Ökobilanz.

MIX
Papier | Fördert
gute Waldnutzung
FSC® C002795
FSC
www.fsc.org

Copyright © 2022 by Bastei Lübbe AG, Köln

Textredaktion: Nathalie Dörpinghaus
Umschlagmotiv und Innenillustration: Stefanie Klaßen
Umschlaggestaltung: Tanja Oestlyngen
Satz: PER MEDIEN & MARKETING, Braunschweig
Gesetzt aus der Goudy Old Style
Druck und Einband: Livonia Print, Riga
Printed in Latvia
ISBN 978-3-414-82660-2

5 4 3 2 1

Sie finden uns im Internet unter: luebbe.de
Besuchen Sie auch die bunte Welt der BuchstabenBande: buchstabenbande.com

INHALT

1

DAFÜR SIND FREUNDE DA

»*Vom Himmel hoch, da komm ich her ...*«

Bente singt, als er vom Himmel herabschwebt. Das ist nichts Besonderes, Bente singt eigentlich immer. Und wenn er nicht singt, dann summt, pfeift, trällert oder jubiliert er – am liebsten natürlich Weihnachtslieder. Das passt ja auch wirklich am allerbesten für ein kleines Engelein, das im Dorf des Weihnachtsmanns zu Hause ist.

Bente landet vor der Himmelspost und hüpft die Dorfstraße hinab. Jetzt im Dezember herrscht überall Hochbetrieb, denn alle Bewohner sind fleißig dabei, das anstehende Weihnachtsfest vorzubereiten. Sie schuften und schaffen, damit die Menschen inmitten von Geschenken und Lichtern, Schmuck und Plätzchen ein wunderschönes Fest feiern können. Alle Engel und Elfen, Wichtel und Zwerge, Schneehasen und Rentiere im Dorf des Weihnachtsmanns tragen etwas dazu bei. Kleine Elfen flattern um die Weihnachtsbäume am Straßenrand und

schmücken sie mit Kugeln und Sternen. Die Lichterwichtel zünden die Weihnachtsbeleuchtung an, die das Dorf in einen warmen goldigen Glanz taucht. Friedensengel besprechen Pläne, wie sie die Wintergeister von ihren Streichen abhalten können.

Summend läuft Bente Richtung Dorfplatz, doch an der nächsten Ecke stößt er beinahe mit einem Schlitten zusammen, der bis oben hin mit Postsäcken beladen ist. Zwei kräftige Postzwerge zerren ihn über die verschneite Straße, ohne nach links und rechts zu gucken.

»Du lässt mich die ganze Arbeit allein machen!«, schimpft der eine.

»Ich dich? Du mich!«, erwidert der andere.

Bente betrachtet staunend den turmhoch beladenen Schlitten. »Das sieht aber schwer aus!«, ruft er. »Habt ihr viel zu tun?«

»Viel?«, grummelt der eine Zwerg. »Viel? Ja, was denkst denn du, so kurz vor Weihnachten?« Er bleibt stehen, lehnt sich an den Schlitten und reibt sich mit einem karierten Taschentuch die Stirn. »Menschenkinder!«, ächzt er. »Sie schreiben ... uff! ... Wunschzettel ... puff! ... an den Weihnachtsmann, und wir ... huff! ... müssen uns den lieben, langen Tag abrackern.«

»Es ist so schlimm, dass wir extra viele Pausen brauchen«, murmelt der andere Zwerg, erklimmt den Schlitten und macht es sich auf einer breiten Polsterbank bequem. Der erste streckt sich neben ihm aus, verschränkt die Hände hinter dem Kopf und beginnt zu erzählen: »Die Luftpostengel kommen kaum noch hinterher, die Briefe aus aller Welt hierherzufliegen. Und die Schönschriftwichtel haben Handschmerzen von den vielen Antworten, die sie schreiben müssen. Dafür bekommen sie aber alle zwei Tage schreibfrei. Und wir?«

Die beiden Zwerge stöhnen und ächzen noch ein wenig. Der eine findet eine Tüte Mandelprinten in seiner Westentasche, der andere holt eine Flasche mit dampfendem Kakao hervor. Kurz darauf schlürfen und schmatzen sie genüsslich. Sich *den lieben, langen Tag* abzurackern scheint eine feine Sache zu sein, stellt Bente fest. Hätte er nicht längst andere Pläne, dann wäre die Himmelspost vielleicht auch etwas für ihn.

Bente verabschiedet sich und flattert weiter die Straße entlang. Aus der Geschenkewerkstatt hört man das Surren der Fließbänder und das Knistern von Geschenkpapier. Auf der Koppel der Rentiere verteilt ein Wichtel in flauschiger Felljacke heißen Punsch. Die Tiere schlürfen und schlabbern, sodass der Punsch in alle Richtungen spritzt.

»Passt doch auf, der Schnee schmilzt!«, ruft ein kleiner Schneesturm, der die Straße entlangwirbelt und genau auf Bente zuhält.

An der Stimme erkennt Bente, dass in dem Minischneegestöber sein allerbester Freund steckt – auch weil Schnee selbst im Weihnachtsdorf nicht sprechen kann.

»Guten Morgen, Samson!«, ruft Bente. »Gut geschlafen?«

Die weißen Flocken wehen ein wenig zur Seite, und ein schneeweißer Hase macht eine Vollbremsung am Rentiergehege.

»Hi, Bente! Warte kurz, bis ich das geregelt habe.« Samson konzentriert sich. Er verdreht die Augen, wackelt mit der Schnauze und schlackert mit den Ohren. Wie von Zauberhand bewegt sich der Schnee, der eben noch um den Hasen herumflog, und landet genau an den geschmolzenen Stellen zu Füßen der Rentiere. Die Flocken wirbeln und wehen und glitzern noch einmal auf, dann liegen sie still.

Bente beginnt zu singen: »*Leise rieselt der Schnee, still und starr liegt das Weihnachtsdorf – juche ...*« Wie gut, dass die Schneehasen das Dorf immer mit magischem Schnee bedecken! Nur dadurch ist es vor den neugierigen Blicken der Menschen sicher.

Da fällt Bente etwas ein. »Auf dem Dach des Rentierstalls ist auch eine Stelle ohne Schnee, das habe ich heute Nacht von meiner Schlafwolke aus gesehen.«

Samson wackelt mit der Nase, rührt sich aber nicht. »Och, jaaa ... ich weiß«, sagt er nur.

»Willst du es dort nicht schneien lassen?«

»Och, nööö ... gerade nicht«, wehrt der Schneehase ab und malt mit einer Pfote Kreise in den Schnee.

»Samson?« Bente ahnt, dass sein Freund etwas im Schilde führt.

Der Schneehase hat es nämlich faustdick hinter den Löffeln.

Da fängt Samson an zu kichern. »Das ist Absicht!«, erzählt er. »Ich will durch das Dachfenster in den Stall gucken, und das geht nur ohne Schnee.«

»Und wozu?«

Der Schneehase schnüffelt. »Ich muss wissen, wo die Rentiere ihre Futtervorräte verstecken. Eisbeerenkekse ... mmh, ich kann sie bis hierher riechen. Wenn ich sie gefunden habe, kriegst du auch welche ab.«

Bente fängt an zu lachen. Sein bester Freund ist wirklich immer zu einem Streich bereit! »Nein, danke, ich mach mir nicht so viel aus Plätzchen. *In der Weihnachtsbäckerei ...*«, singt er und dichtet schnell weiter: »*... ist bloß alles süßer Brei. Zwischen Milch und Mehl ... ist Bente, der Engel ... einfach falsch, er läuft blitzschnell vorbei ... an der Weihnachtsbäckerei, an der Weihnachtsbäckerei.*«

Nun muss Samson lachen. »Oho!«, sagt er. »Heute ist es so weit, richtig? Heute bekommst du deine Aufgabe.«

Bente nickt. Es ist nämlich kein Zufall, wer im Weihnachtsdorf welche Arbeiten übernimmt. Als Lichterwichtel, Postzwerg oder Geschenkelf wird man nicht ausgebildet, sondern geboren. Nur bei den Engeln ist das ein klein wenig anders.

Sie werden einige Weihnachtsfeste lang von Lehrerin Xenia, einer ernsten Wichtelfrau, in allen Fächern unterrichtet. Erst wenn sie alt genug sind, bekommen sie ihre Weihnachtsaufgabe zugewiesen. Und genau heute ist er, der Tag, auf den alle Jungengel warten.

»Heute werde ich Mitglied im Engelschor!«, jubelt Bente.

Samson trommelt vor Überraschung mit den Hinterläufen. »Weißt du das jetzt schon? Die Aufgaben werden doch nachher erst verteilt.«

»Ja, stimmt. Aber dass ich Lieder singen muss, ist ja wohl klar wie der Winterhimmel bei Nachtfrost. Ich bin einfach ein Sänger, und ich freu mich schon so!« Bente wirft einen Blick auf die Sternenuhr, die mithilfe des Schattens vom großen Tannenbaum die Zeit anzeigt. »So spät schon? Es geht gleich los! Ich muss flattern, Samson, tschüss!«

Der kleine Engel hebt flügelschlagend ein paar Zentimeter vom Boden ab. Dann dreht er sich noch einmal um. »Kommst du mit?«, fragt er seinen Freund leise. »Ich mag nicht allein hingehen.«

Samson hoppelt an Bentes Seite. »Na klar. Dafür sind Freunde doch da! Die Eisbeerenkekse kann ich auch später noch mopsen.«

2

GLASKLAR WIE GEWÜRZPUNSCH

Auf dem Dorfplatz drängt sich schon eine große Schar Jungengel.

Samson stellt sich auf die Hinterläufe, um besser sehen zu können. »Sinnlos, ich bin einfach zu klein!«, beschwert er sich und wackelt auffordernd mit den Ohren. »Komm mit nach vorne, Bente!« Der Schneehase hoppelt durch die Menge zum rotweißen Haus des Weihnachtsmanns, und Bente schiebt sich vorsichtig hinterher.

Links und rechts wispern und tuscheln die Engel.

»Ich bin ja so aufgeregt!«, fiept der kleine Harry, als Bente fast vorne ist, und wedelt nervös mit den Flügeln.

»Hatschi!« Aida mit der langen Nase muss niesen, weil Harrys Flügelspitzen sie kitzeln. Schnee wirbelt auf. Lenelotte, die sowieso immer friert, quietscht entsetzt. Ein Engelsmädchen mit schwarzen Locken, das ein paar Wolken von Bente entfernt schläft, zuckt erschreckt zusammen und taumelt gegen ihn.

»Oh, Entschuldigung!«, ruft das Engelsmädchen und weicht Bente rückwärts aus. Dabei stolpert es über die Stufen, die zum Haus des Weihnachtsmanns hinaufführen. Mit einem Plumps landet es auf dem Allerwertesten.

Genau in diesem Moment öffnet sich die Haustür. Ein Mann mit Fellstiefeln, rotem Mantel und einem winterhimmelgrauen Bart tritt heraus. Mit seinem kugelrunden Bauch passt er kaum durch die Tür. Kein Wunder also, dass er das kleine Engelsmädchen, das ihm vor die Stiefel geplumpst ist, überhaupt nicht sehen kann. Beinahe stolpert er über sie.

»Ho, ho, hoppla!«, ruft er und schiebt seinen dicken Bauch weg. »Wer bist denn du?«

»Der Weihnachtsmann!«, ruft das Engelsmädchen und japst nach Luft.

»Wirklich? Und ich dachte, das bin ich«, erwidert der Weihnachtsmann. Er lacht und hat ein freundliches Blitzen in den Augen, aber das Engelsmädchen wird dennoch so rot wie der Mantel über ihm.

»Verzeihung, bitte«, flüstert es und flattert schnell die Stufen vor dem Haus hinab. Dabei stößt es schon wieder gegen Bente. Bevor es zum zweiten Mal in den Schnee fällt, packt Bente zu und fängt das Engelsmädchen auf.

»Danke«, murmelt es und kichert verlegen. »Warum mache ich nur ständig solche Sachen? Dumme Tilly!«

»Wirklich ziemlich dumm«, sagt Samson. Dass er dabei zwinkert, kann Tilly nicht sehen. Sie lässt betrübt den Kopf hängen.

»Samson!« Bente wirft seinem Freund einen strengen Blick zu, dann wendet er sich an Tilly. »Das kann doch jedem mal passieren.«

Tilly lächelt dankbar, und ihre Locken hüpfen fröhlich. »Da kommt Lehrerin Xenia!«, ruft sie. »Gleich geht es los!«

Tatsächlich, gerade tritt noch jemand aus dem Haus des Weihnachtsmanns: eine kräftige Wichtelfrau mit strenger Brille und noch strengerem Blick. In den Händen hält sie eine dicke Papierrolle, bei deren Anblick alle Jungengel auf dem Platz schlagartig verstummen.

Der Weihnachtsmann klatscht in die Hände. »Ho, ho, ho und herzlich willkommen, meine lieben Engel! Das Weihnachtsfest steht vor dem Adventskalendertürchen, und wir wollen alle unser Himmlisch-Bestes geben. Ab heute werdet ihr dabei mithelfen. Jedes Engelchen bekommt seine Weihnachtsaufgabe – genau die Aufgabe, die zu ihm passt wie die Kerzen auf den Christbaum. Xenia, bitte schön.«

Die Wichtelfrau schiebt ihre Brille zurecht und rollt das Papier aus. Auf dem Dorfplatz ist es nun so still, dass man eine Tannennadel fallen hören könnte. Nur Bente summt leise vor sich hin, denn er weiß ja sowieso schon, was seine Aufgabe sein wird: im Engelschor singen. Etwas anderes, als singen, kann er gar nicht, das ist ja wohl so glasklar wie Gewürzpunsch!

»Guten Morgen! Ich lese jetzt die ersten Namen auf meiner Liste vor, und die Aufgerufenen kommen bitte zu mir«, verkündet Xenia. »Balin, Harry, Momo, Stella.«

Die vier Engel drängeln sich durch die Menge nach vorne.

Xenia mustert sie über ihren Brillenrand hinweg, dann sagt sie knapp: »BSBS.«

»Das ist die Bastelstube für Beleuchtung und Schmuck, oder?«, flüstert Bente, und Samson nickt begeistert. Er liebt die funkelnde Weihnachtsbeleuchtung im Dorf fast so sehr wie Eisbeerenkekse und magischen Schnee.

Der Weihnachtsmann klatscht derweil in die Hände, und die Engel auf dem Platz fallen mit ein, während die vier Jungengel mit einer kleinen Wichtelfrau davonmarschieren.

17

Der kleine Harry macht eine Siegerfaust, als er an Bente und Samson vorbeigeht. »In die BSBS wollte ich schon immer«, raunt er ihnen zu.

Bente grinst. Wenn Harry seinen Wunsch bekommt, wird es bei ihm sicher auch klappen!

Wichtelfrau Xenia räuspert sich, und alle werden wieder still. »Aida, Coco, Noah, Zuki!«

Wieder stellen sich vier Engel vor der Lehrerin auf, die kurz ihre Liste überprüft und dann ruft: »Rentierstallungen.«

»Ho, ho, ho«, macht der Weihnachtsmann. Der Wichtel mit der Felljacke, der vorhin den Punsch verteilt hat, nimmt die vier mit.

Die nächsten Engel werden der Weihnachtswetterstation zugeteilt, der Wunschzettelstelle, der Himmelspost und der Geschenkewerkstatt.

»Wann kommt denn endlich der Engelschor dran?«, flüstert Bente Samson zu. Und tatsächlich, endlich hört er seinen Namen, zusammen mit Adam, Lenelotte und Tilly.

Die vier Engel treten vor. Bente sieht, dass Lenelotte wieder zittert – ob vor Kälte oder Aufregung, ist schwer zu sagen. Er selbst summt ein kleines Lied: *»Heute, Engel, wird's was geben ... heute werde ich mich freu'n ... Welch ein Jubel, welch ein Singen ... wird im Engelschor los sein! Keinmal werde ich noch ...«*

»Ähem!« Xenia räuspert sich, und Bente verstummt. Die Wichtelfrau blickt auf ihre Liste und sagt dann laut und deutlich: »Plätzchenbäckerei.«

»Jippie, da ist es so schön warm!«, jubelt Lenelotte.

Doch Bente ist es plötzlich von den Zehen bis zu den Flügelspitzen eiskalt.

3

IN DER PLÄTZCHENBÄCKEREI

Ein Wichtel mit Spitzbart schüttelt den vier neuen Bäcker-
engeln nacheinander die Hände. Seine Pranke ist groß, stark
und voller Schwielen, als hätte er sich schon tausendmal am
heißen Ofen verbrannt. »Schleck mein Name, Meisterbäcker
... willkommen ...«, stellt er sich vor und wirkt dabei so, als
wäre er mit seinen Gedanken schon beim nächsten Keks-
teig.

Bente fühlt sich immer noch ganz steif und kalt.
Was ist da nur schiefgelaufen? Er ist kein Plätzchen-
bäcker, er muss doch singen, summen, jubilieren!
Bente öffnet den Mund, aber kein Ton
kommt heraus. Das muss der Schock
sein. Tränen steigen ihm in die Augen.
Reden würde aber sowieso nichts nüt-
zen, denn wenn der Weihnachtsmann

und Xenia einmal eine Entscheidung getroffen haben, gibt es daran nichts zu rütteln – das weiß im Weihnachtsdorf jeder.

Adam, Lenelotte und Tilly flattern hinter Oberwichtel Schleck vom Dorfplatz. Samson gibt Bente einen kleinen Stups.

»Na los«, murmelt er. »Nicht die Flügel hängen lassen. Ich bin mir sicher, es wird dir Spaß machen. Und wenn nicht, lasse ich mir etwas einfallen, das verspreche ich dir.« Der Schneehase sieht dabei so grimmig aus, dass es Bente ein klein wenig leichter ums Herz wird.

»Lauf schon, Bente«, sagt Samson erneut. »Einer muss doch dafür sorgen, dass ich genügend Kekskrümel bekomme!« Er verdreht die Augen, wackelt mit der Schnauze und schlackert mit den Ohren. Etwas magischer Schnee steigt auf und formt sich zu einem glitzernden Kreis ... einem Weihnachtsplätzchen!

Da muss Bente trotz allem kichern. Samson hat ja recht, Schneehasen futtern nun mal für ihr Leben gern Weihnachtskekse, und Bentes bester Freund ist ein besonderer Feinschmecker. »Na gut, weil du es bist. Aber Spaß machen wird es mir sicher nicht.« Mit hängendem Kopf flattert er den anderen hinterher. Immerhin ist seine Stimme wieder da, und er beginnt, leise zu singen: »*In der Plätzchenbäckerei ... will ich leider gar nicht sein ... Denn Zucker, Mehl und Ei ... sind mir einerlei ... ich find's blöd, doch ich muss trotzdem rein ... in die Plätzchenbäckerei, in die Plätzchenbäckerei.*«

Schleck öffnet gerade die Tür, als Bente die anderen einholt. Die Luft, die ihnen entgegenschlägt, ist warm und süß und duftet nach Butter und Karamell, nach Zimt und Mandeln.

Gleich hinter dem Eingang stehen säckeweise Zutaten herum.

»Darf ich mal? Mir ist so kalt!«, sagt Lenelotte und flattert einfach über die Säcke hinweg, um sich am nächsten Ofen aufzuwärmen.

Adam wirft einen einzigen Blick ins Innere der Bäckerei, dann zückt er einen Schreibblock und Stift. »Entschuldigung, Herr Meisterbäcker?«, beginnt er, und die Fragen sprudeln nur so aus ihm heraus. »Was ist das da für eine Maschine? Wer kümmert sich hier um die Vorräte? Und wieso kneten die Zwerge da hinten einen anderen Zwerg und nicht den Teig?«

Bente würde gern Schlecks Antworten hören, aber Tilly wird langsam ungeduldig. Sie flattert aufgeregt in die Backstube – und mit Schwung gegen einen Sack Nüsse. Bente springt vorwärts, packt mit einer Hand Tilly und mit der anderen den schweren Sack. »Uff!«, stöhnt er und lässt beide vorsichtig zu Boden.

»Nicht schon wieder«, jammert Tilly, rappelt sich auf und klopft sich den Staub vom Kleid. »Es tut mir so leid, Bente. Warum bin ich nur so ungeschickt?«

»Das kann doch jedem mal passieren«, erwidert Bente freundlich. »Glaubst du, die Säcke müssen hier im Gang stehen?«

Da hört er ein herzhaftes Kichern, und ein Wichtelmädchen hüpft hinter den Säcken hervor. »Oooch, schade, ihr Frischlinge! Wir hatten so gehofft, dass einer von euch einen Sack umstößt – oder zwei oder drei. Nicht wahr, Frieder?«

Ein zweiter Wichtel taucht zwischen den Säcken auf. Er sieht dem Mädchen zum Verwechseln ähnlich. Sie haben beide lange Haare und kurze, muskelbepackte Arme. Nur Frieders Stimme klingt etwas dunkler, als er antwortet: »Stimmt, Ida. Haselnüsse, die in alle Richtungen kullern, das habe ich mir so lustig vorgestellt! Aber ihr Frischlinge seid offensichtlich auf Zack. Na komm, Schwesterherz, wir räumen das besser weg, bevor Schleck auftaucht.«

Die beiden Wichtel schultern jeder zwei Säcke, als ob sie nur Federn enthielten, und tragen sie fort.

Die alten Holzdielen der Bäckerei knarzen, als Bente endlich hineingeht. Neugierig lässt er seinen Blick durch den Raum schweifen. Eine Wand ist von Regalen eingenommen, die unter dem Gewicht von Mehlsäcken und Butterfässern, Milchkrügen und Gewürzgläsern ächzen. An langen Tischen sind Dutzende Engel und Wichtel damit beschäftigt, Teig zu kneten, Plätzchen auszustechen – und jede Menge zu naschen. In den Backöfen lodern offene Flammen. Zwerge halten die Feuer am Laufen und ruhen sich zwischendurch in behaglichen Sesseln aus, die überall herumstehen. In einer anderen Ecke bestreichen Wichtelbäcker die fertigen Kekse mit Zuckerguss und Schokolade. Über allem flattern winzige Elfen zwischen den funkelnden Kronleuchtern umher, die die Bäckerei beleuchten, und verstreuen bunte Streusel, Zuckersterne und Haselnusskrokant. Es gibt jedes Mal einen feinen, himmlischen Klingelton, wenn die kunterbunte Deko auf den Keksen

landet. Bente kann dem Weihnachtszauber nur staunend zusehen.

»Wo stecken denn die anderen Frischlinge?«, fragt Wichtel Frieder, als er kurz darauf zurückkommt.

Seine Schwester Ida schwingt gleich hinter ihm an einer Lichterkette herbei und landet mit einem Hüpfer vor Bente und Tilly. »Eben, wir wollen doch mit eurer Ausbildung anfangen!«, ergänzt sie.

»Ihr?« Bente starrt die beiden an. Nicht Schleck, der Meisterbäcker, soll die Engel ausbilden, sondern diese beiden wilden Wichtelzwillinge? Na, das kann ja heiter werden!

»Guck nicht so erschreckt«, sagt Ida und zwinkert Bente zu. »Frieder und ich sind eigentlich ganz harmlos.«

»Wir wollen nur spielen«, ergänzt Frieder grinsend.

Das hat Lenelotte gehört, die nun knallrote Wangen von der Ofenwärme hat. »Au fein, was spielen wir denn?«, fragt sie.

Auch Adam betritt nun die Bäckerei, und Schleck verabschiedet sich von den Neuen.

»Wissen Bescheid, Frieder und Ida«, brummelt er. »Bei Fragen Backlabor.«

»Es gibt ein Backlabor? Wo ist denn das?«, fragt Adam und kritzelt gleich etwas auf seinen Block.

»Oben«, antwortet Frieder. »Aber das darf keiner betreten – außer Schleck.«

Adam schreibt weiter. »Weil er dort supergeheim neue Rezepte entwickelt, richtig?«

»Nein, weil er dort supergeheim neue Plätzchen auffuttert«, meint Ida grinsend. »Zusammen mit einem guten Schluck Gewürzwein.«

Frieder wird ausnahmsweise ernst. »Aber lasst euch nicht täuschen, Schleck ist der beste Bäcker und der beste Lehrmeister. Er hat alles im Blick, was hier los ist. Und jetzt ...« Er klatscht in die Hände, dass das Mehl nur so staubt. »... wird gebacken. Wichtelleichte Plätzchen aus nur drei Zutaten. Dort hinten lagern die Vorräte. Hopp, hopp!«

Kurz darauf drängeln sich die Jungengel vor dem Vorratsregal. Sie holen Eier, Zucker und Mehl, Backschüsseln und Rührgerät.

Bente greift als Erstes nach den Eiern – im selben Augenblick wie Tilly. Sie stoßen zusammen, und es macht Platsch.

»Oh, wie dumm, mir ist ein Ei kaputtgegangen«, ruft sie.

»Das kann doch jedem mal passieren«, sagt Bente zum dritten Mal heute, und Tilly muss lachen.

»Hier kommt die Putzkolonne!« Frieder eilt mit Lappen und Eimer herbei und wischt alles weg.

Adam schreibt schon wieder etwas auf und steht dabei allen im Weg.

»Weniger schreiben, mehr backen, Adam«, sagt Ida freundlich. »Tilly, soll ich dir mit den Eiern helfen? Ist dir warm genug, Lenelotte? Bente, hast du dir alle Zutaten gemerkt?«

Bente nickt. Ihm wird plötzlich warm im Bauch. Ida und Frieder sind wirklich nett, und er muss zugeben, dass es in der Plätzchenbäckerei himmlisch duftet. Wenn Samson das wüsste! Vielleicht kann er seinem besten Freund heute Abend ja ein paar selbst gebackene Kekskrümel mitbringen?

Wie hatte der Schneehase doch gleich gesagt? Nicht die Flügel hängen lassen! Bente richtet sich auf. Das hat er auch nicht vor.

»In der Plätzchenbäckerei ... werd ich backen mit 'nem Ei ...«, singt der kleine Engel und greift nach der Backschüssel.

4

DIE MAGIE DER PLÄTZCHEN

Bente schlägt ein Ei nach dem anderen auf. »Eins ... zwei ... drei ... vier ... Wie viele sollten wir noch mal nehmen?«, fragt er Tilly. Die beiden arbeiten zusammen an einer großen Backschüssel.

»Zwölf.« Tilly schnappt sich das Rührgerät und beginnt, die Eier aufzuschlagen.

Bente greift nach dem Zuckerlöffel. »Und nun der Zucker ... äh, 100 Gramm?«

»400«, verbessert Tilly. »Also, wirklich, Bente, du hast ein Gedächtnis wie ein Mehlsieb.«

»Aber nicht bei Weihnachtsliedern!«, sagt Bente und füllt den Zucker ab. »Ich kann alle 15 Strophen von *Vom Himmel hoch* auswendig. Sogar im Schlaf.« Er unterdrückt einen kleinen Seufzer. Er würde so schrecklich gern singen, und im Engelschor müsste er auch nicht so viel Neues lernen! Aber gut:

Wenn er sich Lieder merken kann, wird es mit der Zeit auch bei Backrezepten klappen. Das hofft er jedenfalls.

Ida hat den beiden zugehört. »Im Weihnachtsdorf gibt es kein einziges Rezeptbuch«, erklärt sie. »Das ist schon immer so gewesen und wird auch immer so sein. Es ist Teil unserer Magie.«

»Welche Magie?«, fragt Bente.

»Die Magie der Plätzchen natürlich!«, ruft Ida. »Habt ihr noch nie davon gehört?«

Bente und Tilly schütteln die Köpfe.

»Dann wird es aber Zeit.« Ida schiebt die beiden zur Nachbarbackschüssel, an der Adam und Lenelotte bereits ihren Teig rühren.

»Hört gut zu, Frischlinge«, sagt Ida, und Adam holt sofort seinen Schreibblock hervor. Die Wichtelin flüstert jetzt geheimnisvoll. »Nur die Kekse, Plätzchen, Lebkuchen, Printen, Pfeffernüsse, Spekulatius, Dominosteine und Cookies aus dem Weihnachtsdorf haben die echte Plätzchenmagie. Dafür

muss man sie aber ohne Rezept backen. Dann schmecken sie nämlich viel himmlischer, als wenn man alles aus einem Buch abliest.«

Adam wird rot und legt seine Notizen weg. Ida lächelt ihn an und nickt.

»Nur, wenn ein Kind am Heiligabend die Plätzchen aus unserem Dorf auf dem Bunten Teller hat, wird es ein richtig himmlisches Weihnachtsfest erleben«, ergänzt Frieder. »Eines, bei dem es die Liebe und den Frieden spürt, den das Jesuskind in die Welt bringt. Deswegen ist die Weihnachtsbäckerei auch so ungeheuer wichtig.« Er drückt stolz die Brust raus.

»Na ja, und ein bisschen auch, weil wir selbst so gern naschen«, meint Ida grinsend. Sie schnappt sich ein paar Zimtsterne von einem Blech, das ein Ofenzwerg gerade vorbeiträgt.

»He!«, ruft der, aber Ida lacht nur und verteilt die Kekse an die Jungengel.

Bente beißt hinein. Mmh, wie köstlich das Plätzchen schmeckt, wirklich himmlisch! Sofort fällt ihm ein Lied ein. Ohne nachzudenken, beginnt er zu singen: »*Süßer die Plätzchen nie duften ... als bei uns hier allein ... Wichtel und Engelein schuften ... für Kinder, für Groß und für Klein.*«

Frieder macht das Daumen-hoch-Zeichen, und Ida klopft Bente auf die Schulter. »Wow, du singst wirklich weihnachtshimmlisch, Bente!«, sagt sie. »Einen Sänger wie dich hatten wir hier noch nie. Und nun schön weitermachen, Frischlinge. Adam und Lenelotte, ich sehe, ihr seid schon fast fertig. Prima!«

Bente und Tilly wenden sich wieder ihrer Backschüssel zu. Nun müssen sie sich beeilen! Bente will das Mehl abwiegen, aber er weiß schon wieder nicht mehr, wie viel er braucht. Unauffällig linst er zu seinen Nachbarn hinüber. Dort steht die glänzende Kupferwaage auf ... äh, 800 ... oder 900 Gramm? Bente zögert immer noch.

Tilly hat jedenfalls keine Probleme, sich die Rezepte zu merken. »Tausend Gramm Mehl«, raunt sie ihm zu. »Warte, ich mach das.« Sie drückt Bente den Rührer in die Hand und macht sich an der Waage zu schaffen.

»Beeil dich, Tilly!«, drängelt Bente. Adam und Lenelotte sind schon dabei, mit Löffeln Teigkleckse auf dem Backblech zu verteilen.

Das Engelsmädchen dreht sich um und leert hastig die Waagschale in die Backschüssel. Das Mehl gerät in Bentes Rührstäbe und verwandelt sich im Nu in eine riesige Staubwolke. Der kleine Engel kann nichts mehr sehen, er bekommt Mehl in die Nase und den Hals und muss gleichzeitig niesen und husten.

Wie aus dem Nichts sind Ida und Frieder zur Stelle.

»Weg da!«, schreit der Wichtel. Bente fühlt sich an der Hand gepackt und aus der Mehlwolke gezerrt. Ida holt ein komisches Gerät, das wie eine Mischung aus Luftballon und Fahrradpumpe aussieht. Nur wird der Ballon nicht mit Luft, sondern mit Mehlstaub gefüllt.

Da taucht auch Schleck auf, mit erschrecktem Blick und zerzaustem Bart. »Ida, Frieder! Erklärung, aber dalli!«

»Es gab ein kleines Problem bei den Frischlingen«, sagt Frieder. »Jemand hat eine riesige Mehlstaubwolke erzeugt. Wir mussten eingreifen, sonst ...« Der Wichtel macht ein sehr ernstes Gesicht.

»Mehlstaub, um Weihnachts willen!« Schleck wischt sich stöhnend die Stirn. »Hochgefährlich, dieser Mehlstaub«, erklärt er. »Schwer einzuatmen, sehr schwer ... und wenn Funken vom Ofen, dann ... BUMM!«

Adam, Bente, Lenelotte und Tilly stehen ganz bedröppelt vor dem Meisterbäcker. Tilly schluckt schwer, öffnet den Mund und –

»Es ist meine Schuld!«, kommt Bente ihr zuvor. »Ich habe Tilly gesagt, dass sie sich beeilen muss. Nur meinetwegen hat sie das Mehl achtlos ausgeschüttet. Tut mir leid.«

Bente hält die Luft an. Einen Moment sagt Schleck nichts, dann murmelt er: »Schon gut, schon gut ... aber nie wieder, hört ihr?«, und stapft zurück ins obere Stockwerk.

Tilly drückt Bentes Hand. »Danke«, flüstert sie.

»Kein Problem«, flüstert Bente zurück. »Komm, lass uns weitermachen. Wollen wir statt des Mehls, das in die Luft gegangen ist, gemahlene Mandeln in den Teig geben? Das stelle ich mir lecker vor. Oder ... hm ... vielleicht etwas Zimt? Samson liebt Zimt! Ich habe ihm doch versprochen, dass ich Plätzchen für ihn backe.«

»Bei 180 Grad Umluft etwa 10 bis 15 Minuten«, rattert Tilly herunter.

Bente grinst. Mit Tillys Gedächtnis und seinen Ideen werden sie vielleicht sogar richtig gute Bäckerengel! Hand in Hand gehen die beiden zurück an die Arbeit.

5

DIE BESTE IDEE ALLER WEIHNACHTSZEITEN

Bente und Tilly sind fast fertig, als Frieder kommt, um den Teig zu probieren. »Mjam und schmatz!«, sagt er. »Schmeckt anders, aber gut. Habt ihr das Rezept verändert?«

Bente nickt.

»Ihr müsst nur aufpassen, dass ihr dabei die süße Magie nicht verändert«, erklärt der Wichtel. »Aber sonst: Prima gemacht, ihr zwei. Jetzt können die Plätzchen in den Ofen, und ... NASE WEG!«

»Wie bitte?« Erschreckt fasst Bente nach seiner Stupsnase, doch dann merkt er, dass er gar nicht gemeint ist. Durch ein geöffnetes Fenster schiebt sich ein langes, braunes Fellgesicht und versucht, die Plätzchen auf einem nahen Tisch zu erreichen.

»Oooh, ist der putzig!«, ruft Tilly. »Wer bist denn du? Darf ich dich streicheln?«

Doch das Rentier, das draußen vor dem Fenster steht, will sich nicht streicheln lassen, sondern schnappt nach Tillys Fingern, als wären die eine köstliche Leckerei.

»He!«, ruft Tilly. »Du Armer, bist du so hungrig?«

Frieder lacht. »Das ist Rasmus, das verfressenste Rentier der Welt. Keine Sorge, der hat keinen Hunger, er ist einfach nur total verrückt nach Weihnachtsgebäck und stattet uns fast jeden Tag einen Besuch ab. Rasmus, nein! Unsere Plätzchen sind für die Kinder. Du weißt doch, dass du im Stall Eisbeerenkekse und Punsch bekommst.«

Der Wichtel schiebt das Rentier entschlossen beiseite. Rasmus antwortet mit einem entrüsteten Röhren.

»Vor ein paar Festen ist er mal durch ein Fenster gesprungen und hat die halbe Tagesarbeit verschlungen«, erzählt Frieder weiter. »Niemand konnte ihn nach draußen locken, den Dickkopf! Erst als er sich satt gefressen hatte und schlief, haben die stärksten Zwerge ihn mit vereinten Kräften in den Hof geschoben.«

Bente muss lachen.

»Wenn ihr es schafft, Rasmus von den Plätzchen fernzuhalten, habt ihr die wichtigste Aufgabe in der Weihnachtsbäckerei gemeistert«, meint Frieder weiter und verriegelt das Fenster. Das Rentier drückt seine Nase daran platt und schnieft traurig. Tilly winkt ihm und schnieft auch. Ihr fällt der Abschied von dem Vierbeiner jetzt schon schwer.

Endlich sind Bentes und Tillys Plätzchen im Ofen. Zusammen sitzen sie davor und sehen zu, wie sich die Kekse goldbraun färben. Bente singt leise vor sich hin.

»*Rasmus, das rotnasige Rentier ...*«

»Rotnasig ist aber gemein«, unterbricht Tilly ihn. »Ich finde Rasmus süß!«

Bente beginnt von vorne: »*Rasmus, das süße Rentier ... liebt die Kekse klein und groß ... doch Wichtel Frieder sieht ihn ... findet's gar nicht so famos.*«

Zuerst klingt Bentes Stimme leise und vorsichtig. Doch je mehr die Plätzchen im Ofen duften, umso lauter und fröhlicher singt er.

»*Alle die anderen Rentier' ... schlabbern immer nur den Punsch ... nur unser Rasmus will mehr ... er hat einen tiefen Wunsch ...*«

Bente merkt gar nicht, dass immer mehr Wichtel und Engel eine Pause von der Arbeit machen und ihm zuhören. Selbst die Ofenzwerge halten bei der Arbeit inne und lauschen.

»*Er will Kekse, Plätzchenteig ... Nugat, Marzipan ... Lebkuchen und süßen Brei ... ja, das ist sein Plan. Rasmus, das süße Rentier ... liebt die Kekse groß und klein ... Tilly möchte ihn streicheln ... bald werden sie Freunde sein!*«

Bente fällt plötzlich auf, wie still es in der Backstube geworden ist. Er sieht sich um. Niemand sagt etwas, selbst die Elfen flattern nicht mehr mit den Streuseln umher.

»Ähm ... En-entschuldigung!«, stottert Bente. »Habe ich euch gestört? Ich weiß ja, ich bin hier nicht im Engelschor.«

Da fängt einer der Ofenzwerge an zu klatschen, und einige Wichtel fallen ein.

»Das war wunderschön, ein Lied nur für Rasmus!«, jubelt Tilly.

»Kann ich mir den Text aufschreiben?«, fragt Adam.

»Das Lied klang so schön warm«, findet Lenelotte.

Und auch in Bente drin fühlt sich plötzlich alles schön und warm und himmlisch an, nur durch das Singen. Der kleine Engel seufzt schwer. Warum darf er nicht im Chor mitmachen? Wieso haben ihn Xenia und der Weihnachtsmann in die Plätzchenbäckerei gesteckt? Doch bestimmt nicht, um Teig zu verbrennen – denn genau das passiert gerade. Dunkler Rauch quillt aus einem der Öfen.

»Unsere Kekse!«, ruft Bente entsetzt. Die Zwerge ziehen rasch die Bleche heraus. Die Rauchwolke verliert sich zwischen den Dachbalken, und Bente sieht, dass das Gebäck zum Glück nur ein wenig dunkler geraten ist. Und es duftet einfach köstlich!

»Meine ersten eigenen Plätzchen«, sagt Bente zu Ida und Frieder, nun wieder ganz zufrieden. »Darf ich ein paar Krümel für meinen besten Freund einpacken?«

Später bringt Bente Samson eine Tüte selbst gebackene Kekskrümel, die der Schneehase im Nu wegmümmelt. Dann reibt er sich wohlig den Bauch. »Ich habe doch gewusst, dass das Backen etwas für dich ist«, sagt er. »Es war gar nicht so schlimm in der Backstube, oder?«

Bente nickt. »Nein, eigentlich nicht. Es duftet weihnachtsschön, Backen macht Spaß, und ich darf dabei sogar singen.«

»Glitzergut!« Genussvoll schleckt Samson die letzten Kekskrümel ab, die noch an seinen Pfoten kleben. Darum sieht er auch nicht, dass Bente nicht so glücklich ist, wie seine Worte klingen.

Singen beim Backen ist ja schön und gut, denkt der kleine Engel. Aber nur singen, tagein und tagaus mit anderen Engeln im Chor – das wäre noch viel schöner und besser.

6

AUS DER WEIHNACHTSBÄCKEREI

Bentes erste Plätzchen

Du brauchst:
3 Eier
250 g Zucker
125 g Mehl
125 g gemahlene Mandeln
Zimt oder anderes Gewürz nach Geschmack

Und so geht's:
Eier und Zucker schaumig schlagen, danach Mehl, Mandeln und eventuell Gewürz unterheben.

Mit zwei Teelöffeln Teigkleckse auf ein Backblech mit Backpapier setzen. Bei 180 Grad Umluft etwa 10 bis 15 Minuten goldbraun backen.

Idas Schoko-Mandel-Berge

Du brauchst:
150 g Schokolade (Vollmilch oder Zartbitter)
2 Eier
125 g Zucker
1/2 TL Anis, Zimt oder Lebkuchengewürz
300 g gehackte Mandeln

Und so geht's:
Die Schokolade im Wasserbad oder in der Mikrowelle schmelzen lassen – wie das geht, erklären dir erfahrene Bäckerwichtel.

Eier und Zucker mit dem Handmixer so lange schlagen, bis ein heller, luftiger Schaum entsteht. Die Schokolade und das Gewürz dazugeben und gleichmäßig verrühren. Die Mandeln unterheben.

Mit zwei Teelöffeln Häufchen auf ein Backblech mit Backpapier setzen – alternativ können Bäckerengel auch runde Oblaten unterlegen. Bei 160 Grad Umluft ca. 20 Minuten backen.

40

7

STERNCHEN UND BLITZE

In den nächsten Tagen lernen Bente und die anderen Jungengel in der Weihnachtsbäckerei jede Menge Neues. Sie kneten Mürbeteig, den Bente mit einer Prise Meersalz verfeinert. Sie lassen ihn von der zwergenbetriebenen Teigmaschine platt rollen. Sie stechen Herzen, Sterne und Tannenbäume, Weihnachtsmänner, Schaukelpferde und Glocken aus. Bente macht auch Rentiernasen – die Form biegt er aus einem alten Sternausstecher selbst. Sie retten die fertigen Plätzchen vor Rasmus, nur Tilly streichelt ihn und füttert ihn heimlich mit Keksbruch. Sie verzieren ihr Gebäck mit Guss, Schokolade und feiner Zuckerschrift. Mit seinen Liedern lockt Bente die Elfen an, damit die ihre Streusel, Zuckersterne und den Haselnusskrokant an die richtige Stelle werfen. Ihr feiner Glöckchenton passt genau zu seiner Musik.

Zwischendurch müssen die Jungengel Botengänge im Weihnachtsdorf erledigen. Bente und Adam besorgen zum Beispiel leere Keksdosen aus der Geschenkewerkstatt, um die Plätzchen zu verpacken. Mit Tilly holt er Zutaten aus der Vorratsscheune hinter der Backstube, und Lenelotte hilft ihm dabei, die Schneehasen in ihrem Bau mit Kekskrümeln zu versorgen. Das Engelsmädchen ist auf dem Rückweg so durchgefroren, dass Bente es zum Auftauen an den warmen Ofen tragen muss.

Die Bäckerneulinge bekommen auch Hausaufgaben. Sie müssen Rezepte auswendig lernen, Gewürze am Duft erkennen und die Herkunft verschiedener Plätzchensorten erforschen. Und jeden Nachmittag, wenn es im Weihnachtsdorf dunkel wird, heißt es: Backstube ausfegen und rentiersicher verschließen.

An einem sonnigen Morgen werden Bente und Tilly vor der Backstube von einem tierischen Brummeln begrüßt. Rentier Rasmus galoppiert röhrend auf sie zu.

»Hilfe!« Bente fliegt erschreckt in die Luft, als das mächtige Geweih immer näher kommt, aber Tilly breitet die Arme aus.

»Rasmus!«, ruft sie, flattert auf seinen Rücken und schmiegt sich selig an seinen Hals.

»Oho!« Mit großen Augen sinkt Bente wieder tiefer. »Ist das ein Weihnachtswunder? Ich dachte, Rasmus lässt sich von niemandem streicheln!«

Tilly zwinkert ihm zu. »Ich habe einen Trick«, flüstert sie und holt ein Vanillekipferl aus der Tasche. Rasmus dreht den Kopf nach hinten und verschlingt den Keks krachend. Dann leckt er Tilly zum Dank die Hand ab, von den Fingerspitzen bis zum Ellenbogen.

»Hihihi, das kitzelt!« Tilly kippt vor Lachen fast vom Rentierrücken, doch ein paar schnelle Flügelschläge bringen sie sicher zu Boden. Sie gibt Rasmus noch ein Plätzchen, dann winkt sie ihm und öffnet die Tür zur Backstube. Das Rentier schickt ihr ein trauriges Grunzen hinterher.

»Woher hast du die Plätzchen für Rasmus?«, fragt Bente, als ihnen die behagliche Wärme der Bäckerei entgegenschlägt. Er sieht sich um, ob auch niemand in der Nähe ist, der sie belauschen kann, dann flüstert er: »Doch nicht etwa geklaut?«

»Ach, wo!« Tilly schüttelt den Lockenkopf. »Ich habe sie selbst gebacken, in meiner Pause. Der Weihnachtsmann sagt doch immer, man soll sich um andere kümmern, und das tue ich eben mit Rasmus.«

An diesem Tag geben Ida und Frieder den Engeln ausgerechnet die Aufgabe, Vanillekipferl zu backen. Diesmal soll jeder allein arbeiten und später eine Kostprobe zu Wichtellehrerin Xenia bringen.

»Damit wir sehen, wie viel ihr schon gelernt habt«, erklärt
Frieder.

Tilly kann das Rezept natürlich längst auswendig, und sie
backt ein paar Extrakipferl für Rasmus.

Bente wird ganz kribbelig. Ob er das schon allein schafft?
Bisher hat er immer mit einem anderen Engel zusammengear-
beitet! Also strengt er sich besonders an. Wenn er schon nicht
in den Chor darf, will er wenigstens ein guter Bäckerengel werden! Vielleicht ist es eine gute Idee, dafür seinem Rezept ein
paar außergewöhnliche Zutaten beizumischen.

»Rentiermilch? Zu merkwürdig«, murmelt er, als er am Vorratsregal entlangflattert. »Kakaosplitter? Zu normal. Dinkel-
kleie? Zu gesund. Aber geröstete Tonkabohne, das klingt interessant. Die Kinder werden staunen und Xenia auch.«

Als es zur Mittagspause läutet, wabert der Duft von Bentes
Kipferln aus dem Ofen. Noch heiß wälzt er sie in Vanillezucker
und platziert auf jedem ein Zuckersternchen. Nun schmecken
sie nicht nur gut, sondern sie sehen auch so aus.

Gemeinsam bringen Bente, Tilly, Lenelotte und Adam ihre Plätzchen zu Xenia. Die Lehrerin sitzt im Schulhaus und korrigiert die Aufsätze der BSBS-Engel zum Thema *Sicher arbeiten mit der Bastelschere.*

Xenia schiebt ihre Unterlagen zur Seite und blickt die jungen Bäcker über den Brillenrand hinweg an. »Na, dann zeigt mal her.«

Zuerst ist Adam an der Reihe. Er legt Xenia eine Tüte mit Keksen vor, zückt seinen Block und hält den Stift bereit, als wolle er jedes Schmatzen und Knuspern der Lehrerin mitschreiben.

Xenia schnuppert kurz an der Tüte, dann steckt sie ein Kipferl in den Mund. »Gar nicht mal so verkehrt«, urteilt sie. Bente sieht, dass sie auf ihrer Liste der Jungengel ein kleines Sternchen neben Adams Namen malt. Das bedeutet, dass

Adam seine Aufgabe gut gemeistert hat. Je größer das Sternchen ist, umso besser.

Lenelotte zittert vor Aufregung, als Xenia ihre Plätzchen probiert. Die Lehrerin sagt: »Nun, ja, recht passabel« und zeichnet noch ein kleines Sternchen auf. Lenelotte strahlt und fällt Adam um den Hals. »Kein Blitz, juchuuu!«, jubelt sie.

Bente wird immer aufgeregter. Ein Blitz heißt bei Xenia: schlecht gemacht. Dann muss er bestimmt alles noch einmal backen!

Doch noch dreht und wendet Xenia Tillys Plätzchen in den Fingern, riecht daran und hält sie gegen das Kerzenlicht. Dann nimmt sie endlich Bentes Gebäck zur Hand. Sie knabbert ein wenig, doch alles, was sie sagt, ist: »Aha.« Für die beiden Jungengel malt Xenia nichts auf, keinen Blitz und erst recht keinen Stern. Gar nichts.

8

KIPFERL FÜRS KLO

Bente wartet so gespannt wie Ochs und Esel an der Krippe, aber es bleibt dabei: Xenia malt für ihn und Tilly nichts auf. Das ist bestimmt noch viel schlechter als ein Blitz. Müssen sie jetzt noch mal von vorne anfangen?

Da wendet sich Xenia an alle vier Engel: »Eure Plätzchen waren ... nun, sehr interessant.« Für Bente klingt das eher wie *sehr misslungen*. »Ihr dürft für den Rest des Tages spielen gehen, Schleck weiß bereits Bescheid. Also husch, husch, macht die Flatter!«

Adam und Lenelotte rennen nach draußen, und Bente trottet mit Tilly hinterher. Spielen ... wie soll das jetzt gehen? »*Nun spielet und seid fro-ho-ho*«, summt er leise. Aber er fühlt sich nicht froh. Eher: »*Nun spielt nicht, seid nicht fro-ho-ho ... die Kipferl war'n fürs Klo-ho-ho ...*«

Bente versucht zu lachen, aber es geht einfach nicht. In seinem Magen brodelt es, als hätte er zu viele Gewürze in die Pfefferkuchen getan. Bestimmt muss er die Kipferl noch einmal backen, wenn Ida und Frieder erst hören, dass er noch nicht einmal einen Blitz bekommen hat. Bente runzelt die Stirn. Erst darf er nicht in den Engelschor, und nun ist er sogar als Bäckerengel nicht zu gebrauchen. Was für ein Rentiermist!

Auch Tilly ist in Gedanken versunken. »Rasmus mochte meine Vanillekipferl gern«, sagt sie. »Aber ich muss wohl noch mehr üben, da kann er sich freuen.« Plötzlich lächelt sie und stupst Bente einen Flügel in die Seite: »Was hast du gerade gesungen? *Die Kipferl war'n fürs Klo?* Dafür kriegst du aber ein Riesensternchen! Jedenfalls von mir.«

Bente sagt nichts dazu.

»Na komm, Bente«, meint Tilly aufmunternd. »Du bekommst jetzt was von mir: ein Heißes Eis im *Himmlischen Boten.* Und ihr auch!« Sie winkt Adam und Lenelotte zu.

»Mir ist sowieso k-k-kalt«, murmelt Lenelotte mit klappernden Zähnen und eilt über den Dorfplatz zum gemütlichen und immer bollerwarmen Café der Engels-Oma Luzinde.

Kurz darauf sitzen die vier inmitten von wilden Wichteln, zarten Elfen und plappernden Zwergen und erholen sich von der Aufregung.

»Hier, meine Lieben!« Die weißhaarige Luzinde schwebt mit einem Tablett herbei und stellt dampfende Becher vor ihnen ab. Darin ist geschmolzenes Eis mit Zimt-Walnuss-Karamell-Geschmack, und obendrauf thront eine Haube süßer

Eischnee, bestreut mit Spekulatius-Crunch. Es ist Bentes Lieblingsgetränk, aber heute mag er nicht mal daran riechen.

»Ich muss euch doch aufpäppeln, ihr süßen Engelein!« Luzinde wischt sich die Hände an ihrer Spitzenschürze ab, kneift Bente in die Wange und wuschelt Tilly durch das Haar. »Ich weiß, wie anstrengend die Arbeit im Weihnachtsdorf manchmal ist, gerade zu Anfang! Ihr Süßen, ihr seid ja fast noch Babys!«

»Babys?« Tilly verschluckt sich und wedelt entrüstet mit den Flügeln. »Wir haben alles voll im Griff!«

»Äh, Tilly?«, fragt Lenelotte. »Kannst du vielleicht deinen Flügel aus meinem Becher nehmen?«

»Oh, 'Tschuldigung!« Tilly zuckt so schwungvoll zurück, dass sie Eistropfen über den ganzen Tisch verteilt.

»Meine Notizen!«, kiekst Adam und bringt rasch seinen Block in Sicherheit.

»Das kann doch jedem mal passieren«, sagt Bente mit trauriger Stimme, und dann seufzt er abgrundtief.

»Kinder, was ist denn mit euch los?« Luzinde holt sich einen watteweichen Hocker und setzt sich zu den Jungengeln an den Tisch. »Ich höre!«

Bente und Tilly sehen sich an. Bente muss schon wieder seufzen. »Es ist wegen der Hausaufgaben«, gibt er schließlich zu. »Xenia hat heute unsere Vanillekipferl probiert, und sie fand sie scheußlich.«

»O-oh«, macht Luzinde. »Xenia kann wirklich schimpfen, wenn ihr etwas nicht schmeckt, das weiß hier jeder. Was hat sie denn gesagt?«

»Meine waren *gar nicht mal so verkehrt*«, erzählt Adam stolz, und Luzinde nickt anerkennend.

»Aber zu meinen Plätzchen hat Xenia gar nichts gesagt, keinen einzigen Ton«, sagt Tilly beschämt. »Und zu Bentes bloß *Aha*. Wir haben noch nicht mal einen Blitz bekommen, sondern gar nichts.«

Luzinde blickt die beiden Engel mit großen Augen an. »Und da freut ihr euch nicht?«, fragt sie.

Bente runzelt die Stirn. »Sollten wir?«

»Aber ja! Je weniger Xenia sagt, umso zufriedener ist sie. *Aha* ist bei ihr ein hohes Lob, und Schweigen tut sie nur, wenn etwas nahezu perfekt ist. Das ist noch viel, viel besser als das größte Sternchen.«

»Wirklich?« Tilly reißt die Augen auf und beginnt zu lächeln. Dann fällt sie Bente um den Hals, lässt ihn wieder los und purzelt vor Lachen beinahe von ihrem Stuhl.

Auch Bente ist endlich wieder nach Singen zumute. Was für ein Tag. Davon muss er unbedingt Samson erzählen! Er verabschiedet sich von seinen Freunden und macht sich auf den Weg zum Schneehasenbau.

Es ist es ruhig geworden im Weihnachtsdorf. Ein paar Schneeflocken rieseln sanft herab, und an den Weihnachtsbäumen funkeln die Lichter. Auf der Straße ist es ganz still,

bis Bente in der Ferne ein Lied erschallen hört. »*Hört der Engel frohe Lieder ... klingen das Weihnachtsdorf entlang.*«

Er folgt den Stimmen, die immer lauter werden. Kurz darauf steht Bente direkt unter der großen Wolke, auf der der Engelschor probt. Genau in diesem Moment setzt der Gesang neu ein, noch schöner und heller als zuvor. Bente kann nicht anders, er muss einfach mitsingen, er muss trällern und jubeln mit den anderen Engeln: »*Glo-ooo-oh, ooo-oh, ooo-oria in excelsis deo! Glo-ooo-oh, ooo-oh, ooo-oria ...*«

Auch wenn er hier unten ganz allein ist, singt Bente weiter. Nach den Aufregungen des Tages ist das einfach das Beste: singen, singen, singen!

9

AUF CHORWOLKE SIEBEN

Der Engelschor singt die erste Strophe, die zweite, die dritte. Bente singt mit, er kennt den Text auswendig. Seine Stimme mischt sich mit den Stimmen der anderen Engel. Die himmlischen Klänge wirbeln um ihn herum, hüllen ihn ein und wehen bis in sein Herz. Er hat ja schon immer gern gesungen, aber noch nie mit anderen im Chor. Es ist fast schöner, als er es sich erträumt hat!

Wie von selbst schlägt Bente die Flügel zusammen und flattert nach oben, um dem himmlischen Gesang näher und näher zu kommen. Doch als er den Rand der Chorwolke erreicht, werden seine Flügelschläge langsamer. Er gehört ja gar nicht zum Engelschor. Ist es überhaupt erlaubt, dass er mit den anderen singt? Oder bekommt er Ärger, wenn er entdeckt wird? Wenn bei Xenia kein Bild am besten ist, was bekommt dann ein Engel, der ihre und die Entscheidung des Weihnachtsmanns über die Weihnachtsaufgaben missachtet? Einen

Blitz in der Größe eines Weihnachtsbaums? Ein richtiges Donnerwetter? Rasch duckt Bente sich hinter einen großen Wolkenbausch. Es ist sicher besser, wenn ihn niemand bemerkt!

Vorsichtig linst Bente um den Rand der Wolke herum. »Oooh!«, macht er laut, was zum Glück im *Gloooria* der Chorengel untergeht. Bente kann zwei volle Strophen lang nicht weitersingen, dafür ist er viel zu überwältigt. Vor ihm liegt einer der himmlischsten Anblicke, die es im Weihnachtsdorf gibt – und das will was heißen, als Engel ist man wirklich an einige himmlische Dinge gewöhnt.

Die Chorwolke ist ein wunderbarer Ort. Die Engel sitzen auf weichen Wolkenpolstern wie in einem Berg Zuckerwatte. Die Chorleiterin ist ein junges Engelsmädchen namens Alba. Sie lächelt strahlend, während sie mit einem goldenen Taktstock den Gesang dirigiert. Ab und zu wirft sie eine Handvoll Glitzer über die Chorengel, und das funkelt fast himmlischer als die Sterne.

Auch die Wolke selbst leuchtet von innen heraus, erst nur zart, dann immer himmlisch-goldener, je schöner und reiner die Engelsstimmen klingen. Als einige Engel Harfen und Flöten, Trommeln und Glöckchen in die Hände nehmen, wird das Licht der Wolke noch etwas glänzender, doch das Strahlen lässt nach, wenn sich ein Engel verspielt oder den falschen Text singt.

Das Lied geht weiter: Strophe 14, Strophe 15, Strophe 16. Einige Engel beginnen nun zu tanzen oder flattern im Takt

über der Wolke umher. Andere singen
eine zweite Stimme.

Eine dritte Stimme wäre noch schöner, denkt
Bente bei sich und erfindet sie einfach. Er singt
leise, damit ihn niemand hört. Doch weil das
Singen mit den anderen Engeln so viel Freude
macht, wird er lauter und lauter. Ihm fällt auf,
dass das goldene Strahlen der Chorwolke immer
stärker wird, je lieblicher sich seine Oberstimme
in den Engelschor einfügt. Schließlich
taucht die Wolke das ganze
Weihnachtsdorf in ein
strahlendes Himmelslicht,
und Bente jubelt laut
hörbar vor sich hin.

»Moooment!« Die Chorleiterin klopft mit ihrem Goldstab gegen das Notenpult. Alle Engel werden mucksmäuschenstill, und Bente schlägt sich erschreckt den Flügel vor den Mund.

»Wer war das? Wer von euch hat diese glockenhelle Oberstimme geträllert?«, fragt Alba.

Die Chorengel blicken sich an und schütteln die Heiligenscheine. Niemand sagt etwas. Zwei Engelsbrüder, die wie Zwillinge aussehen und in Bentes Nähe schweben, tuscheln miteinander und werfen heimlich Blicke in seine Richtung. Ob sie Bente bemerkt haben?

»Traut euch, nicht schüchtern sein!«, lockt Alba. »Der Gesang war wunderschön und sehr musikalisch. Wenn die Wolke bei unserem großen Engelskonzert am Heiligabend so leuchtet, machen wir dem Himmel alle Ehre. Also?«

Auf der Chorwolke herrscht Schweigen, nur Bentes Herz klopft so wild, dass er Angst hat, Alba und die anderen Engel könnten es hören. Er duckt sich tief in sein Versteck und kneift die Augen zu.

»Nun gut«, sagt Alba schließlich. »Dann noch einmal ab Strophe 19, bitte, diesmal in E-Dur. Drei, vier: *Glo-ooo-oh, ooo-oh, ooo-oria …*«

Es dauert ein wenig, bis Bentes pochendes Herz sich beruhigt hat. Erst bei Strophe 22 singt er wieder mit, aber nur leise und im Gleichklang mit den anderen. Er lässt seinen Gesang mit dem Chor fließen und ist einfach nur glücklich über die schöne Musik.

So merkt Bente auch nicht, dass immer weniger Engel weitersingen. Sie stocken im Text und verhaspeln sich. Bei Strophe 23 machen nur noch vier Engel mit, und den Anfang von Strophe 24 können nur noch zwei auswendig. Bente ist der Einzige, der den Text der gesamten Strophe 24 singen kann, und das tut er auch, laut und deutlich.

Alba lässt den Taktstock sinken. Die Chorengel murmeln und raunen und drehen die Köpfe.

»Da!«, ruft plötzlich einer der Zwillinge. Er steht auf und zeigt mit dem Finger auf Bente hinter seinem Wolkenbausch. »Da versteckt sich einer! Das darf der aber nicht!«

Bente richtet sich langsam auf. Seine Wangen glühen, und seine Flügel zittern, weil alle ihn ansehen.

Chorleiterin Alba legt den Kopf schief und lächelt Bente engelhaft an. »Du singst wunderschön!«, sagt sie. »Komisch, dass du nicht zum Engelschor gehörst, wirklich merkwürdig! Aber ich kenne doch meine Sängerengel, und du bist keiner von ihnen. Daher musst du jetzt gehen, mein Junge, leider.«

»Ich ... ja, natürlich.« Bente nickt folgsam, hebt die Flügel und flattert mit hängendem Kopf davon. Gleich darauf hört er hinter sich wieder den Gesang der Engel. Aber der kleine Bäckerengel bleibt stumm.

10

BENGEL ENTE

Plumps! Schnee wirbelt auf, als Bente schwer auf der Dorfstraße landet. Über ihm hört er das Singen der Chorengel, aber um ihn herum ist alles dunkel und still. Er fühlt sich wie das letzte Plätzchen auf dem Backblech, ganz einsam und allein.

Zum Glück fällt Bente wieder ein, wohin er eigentlich vom *Himmlischen Boten* aus unterwegs war: zu Samson! Sein bester Freund wird ihn bestimmt auf andere Gedanken bringen.

Der Hasenbau liegt am Rand des Dorfes. Von außen sieht er wie ein unscheinbarer Schneehaufen aus, aber von innen merkt man sofort, dass die Bewohner mit ihrer Magie Schnee und Eis beherrschen.

Kurz hinter dem Eingang öffnet sich der Bau zu einer geräumigen Höhle. Am hohen Gewölbe glitzern unzählige Eiskristalle im Licht der Polarlichter, die an den Wänden flackern. Schneeflocken schweben wie schwerelos in der Luft. Der Bo-

den besteht aus einer spiegelglatten Eisfläche, auf der einige Hasen Schlittschuh laufen. Sie drehen sich im Kreis um einen Weihnachtsbaum, der von der Spitze bis zur letzten Nadel mit blauglänzendem Frost überzogen ist.

Bente spürt, wie sich unweigerlich ein Lächeln auf seinem Gesicht breit macht. Er hat Samson viel zu lange nicht besucht!

»Bente!« Mit trommelnden Pfoten kommt ein weißer Wirbelwind herbeigerannt. Samson wackelt voller Freude mit den langen Ohren, als er seinen besten Freund sieht. »Wie wunderschnee, dass du hier bist! Willst du mit mir Schlittschuh fahren?«

»Nein, danke.« Bente schüttelt sich abwehrend.

»Dann vielleicht meine Geschwister verzaubern? Es schneien lassen oder ein paar Eisbeerenkekse mopsen?«, bohrt der Schneehase weiter.

»Ich bin zu nichts so richtig in Stimmung«, meint Bente.

Samson wackelt überrascht mit der Schnauze. »Was hat dir denn die Laune verfroren?«, fragt er.

»Uff!«, macht Bente. »Alles!« Er weiß gar nicht, wo er anfangen soll. Also zieht Samson ihn erst einmal an der Pfote ins Innere des Hasenbaus. Es ist warm hier, obwohl die Wände aus blauschimmerndem Eis bestehen. Samsons Familie lebt in einer hellen Kammer nahe der Oberfläche. Dort fällt immer etwas Sternenlicht durch die Schneedecke.

»Hasi-hallo!!«, ruft Samsons Mama, hoppelt auf den Engel zu und umarmt ihn herzlich. »Du warst aber lange nicht bei uns. Siehst blass aus, Junge.«

»Und viel zu dünn und durchgefroren!«, ergänzt Papa Hase. »Ist dein Winterfell nicht dick genug? Hast du Hunger? Wir haben eine frische Ladung Kekskrümel da.«

»Hallo, Bengel Ente!« Plötzlich hoppelt eine Schar kleiner Schneehasen herbei – Samsons sieben jüngere Geschwister. Sie reden alle durcheinander, sodass man kaum versteht, dass sie eigentlich *Engel Bente* begrüßen und noch viele Fragen stellen: »Kannst du mit uns spielen? Hast du uns etwas mitgebracht? Hast du den Weihnachtsmann gesehen?«

»Jetzt nicht, ihr kleinen Hoppelhasen«, sagt Samson. »Jetzt will ich den Bengel für mich allein haben.«

Bente folgt Samson in seine Schlafhöhle, wo sich die beiden auf das Moosbett hocken. »Jetzt aber raus mit der Sprache. Welcher Wintergeist hat dir denn die Kekse verklebt?«, fragt Samson.

Bente seufzt. »Ein richtig mieser!«, schimpft er – und beginnt zu erzählen: Von den Vanillekipferln und seiner Angst vor einem großen Blitz. Von Xenias Schweigen, das eigentlich ein Lob war. Aber vor allem von der Chorwolke – den weichen Sitzplätzen, dem Gesang und Tanz, den Musikinstrumenten, dem Glitzer und dem goldenen Leuchten. Davon, dass er einer der besten Sänger von allen war und die Chorwolke trotzdem verlassen musste.

»Ooooch, Bente!« Samson schlingt dem Engelchen die Vorderpfoten um den Hals. Sein Fell ist kuschelweich und glatt, und Bente fühlt sich himmlisch wohl. Die Freunde bleiben eine Weile so sitzen, bis Samson aufspringt und ruft: »Es ist ganz hopseleicht, was du jetzt tun musst!«

»Ja?«, fragt Bente. Nach Hopsen ist ihm gerade gar nicht zumute.

Samson nickt, dass seine Ohren schlackern. »Eins ist ja wohl klar: Du bist einfach zu gut, Bente. Du machst viel zu viel richtig!«

»Wie bitte? Was soll daran falsch sein?«

»Na, ja, du stellst dich als Bäckerengel einfach viel zu geschickt an«, erklärt Samson. »Du lernst die Rezepte auswendig. Du hast tolle Ideen, wie man die Plätzchen noch leckerer machen kann. Du befolgst die Anweisungen von Ida und Frieder. Du bist höflich zu Schleck und backst mit Tilly perfekt zusammen. Wenn du so weitermachst, wirst du niemals aus der Bäckerei geschmissen!«

Bente fängt an zu husten. »Aus der Bäckerei geschmissen?«, krächzt er. »Schlimm genug, dass ich nicht im Chor singen darf. Wenn ich auch nicht mehr backen kann, was soll ich denn dann tun?«

»Ooooch, Bente!«, jault der Schneehase. »Du denkst immer noch viel zu brav! Das ist es doch gerade: Wenn du aus der Bäckerei geworfen wirst, merken Xenia und der Weihnachtsmann, dass sie einen Fehler gemacht haben. Dann überdenken sie ihre Entscheidung, und du findest dich schneller im Chor wieder, als ich einen Eisbeerenkeks wegmümmeln kann.«

»Und das ist wirklich sehr schnell«, bestätigt Bente.

»Eben.« Samson sieht seinen Freund abwartend an. »Verstehst du jetzt? Du musst dich einfach nur dumm genug anstellen und viele Fehler machen, dann kommt alles andere von selbst. Was sagst du dazu?«

Bente überlegt. Auf den ersten Blick ist das eine typische Samson-Idee: frech und verrückt und viel zu aufregend für einen lieben kleinen Engel wie Bente. Aber je länger er darüber nachdenkt, umso logischer erscheint ihm das Ganze.

»Das könnte tatsächlich funktionieren«, flüstert Bente ergriffen. »Und wie genau stelle ich es an?«

11

WAS HINTEN AUS SCHNEEHASEN RAUSPLUMPST

»Heute, Frischlinge«, beginnt Wichtel Frieder am nächsten Morgen in der Bäckerei.

»... *wird's was geben!*«, singt Bente sofort weiter.

Frieder lacht. »Ja, ein besonders schwieriges Rezept gibt es heute: Christstollen.«

»Dafür braucht ihr Mehl, Hefe, Zucker, Zitronenschale, Rosinen ...« Ida rattert eine ellenlange Liste an Zutaten herunter.

Adam versucht, mitzuschreiben, aber so schnell kommt er nicht hinterher. »Das kann ich mir niemals merken!«, jammert er.

»Ich auch nicht«, sagt Bente. »Macht aber nichts.« Er grinst, und Tilly wirft ihm einen verwunderten Blick zu.

»Denkst du etwa, ich bin dein wandelndes Rezeptbuch?«, fragt sie und stemmt die Hände in die Seiten. Dabei schubst sie mit dem Arm

65

ein Glas wertvolles Kardamomgewürz vom Tisch. Bente kann es gerade noch auffangen.

»Ups!« Tilly wird rot. »Danke schön, Bente. Natürlich darfst du mich nach Rezepten fragen, jederzeit.«

Bente sagt nichts dazu. Er kann doch Tilly nicht verraten, dass er das gar nicht vorhat, schließlich will er sich ab jetzt beim Backen dumm anstellen, so richtig dumm! Aber leider hat er dabei nicht mit der Hilfsbereitschaft seiner Freundin gerechnet.

»Keine kalte Milch, du musst sie warm machen, sonst stirbt die Hefe!«, ruft Tilly, als Bente Milch direkt aus dem Kühlschrank zum Mehl gießen will.

»Ach«, sagt Bente. Aber weil das Engelsmädchen ihn so erwartungsvoll ansieht, geht er zum Herd, um die Milch zu erwärmen.

Ein paar Minuten später hält Tilly Bente eine kleine Schüssel mit gelblichen Brocken hin. »Du hast das Orangeat vergessen«, sagt sie.

»Ach«, sagt Bente wieder. Das weiß er doch! Aber er nickt brav und nimmt Tilly die Schüssel ab.

Etwas später will Bente mit seinem Stollen zum Ofen gehen, doch Tilly hält ihn mit einem Flügel zurück. »Du musst den Teig erst gehen lassen«, erklärt sie. »Oder willst du eisharten Stollen essen? Himmel, wo bist du heute nur mit deinen Gedanken?«

»Natürlich genau hier beim Backen«, erwidert Bente, und das stimmt ja auch. Er *will* doch alles falsch machen! Aber das soll Tilly nicht wissen.

Endlich ist Bentes Stollen im Ofen – genau nach Rezept und ohne jeden Fehler. Nun müssen die Jungengel Zutaten aufräumen und Schüsseln abwaschen. Bente grinst aufgeregt. Wenn das nicht die perfekte Gelegenheit ist, sich dumm anzustellen! Er könnte ja zum Beispiel eine Schüssel fallen lassen, sodass sie zu Bruch geht! Doch die Backschüsseln sind vor Jahrhunderten vom alten Schluck, Schlecks Lehrer und Lieblingsonkel, handgetöpfert worden, und Schleck hängt sehr an den Schalen. Eine zu zerdeppern, das kann Bente dem Meisterbäcker nicht antun.

Vielleicht könnte der kleine Engel sich auch einfach davonschleichen und gar nicht aufräumen? Das würde ihn wirklich in ganz schlechtem Kerzenlicht dastehen lassen. Doch er kennt ja seine Freundin Tilly. Die würde garantiert Bentes Aufgaben mit erledigen und hätte damit die doppelte Arbeit. Das wäre ganz und gar nicht fair. Nein, Bente muss sich etwas anderes einfallen lassen.

Als der Ofenzwerg Bentes Stollen aus der heißen Röhre holt, steht der kleine Engel schon bereit. In einer Hand hält er einen Pinsel, in der anderen ein Schälchen mit verbrannten Fettresten, die manchmal von den Backblechen auf den Ofenboden tropfen. Er taucht den Pinsel in die schwarze Paste – da packt eine Hand seinen Arm.

Es ist Ida, und sie nimmt Bente mit spitzen Fingern den Pinsel aus der Hand. »Wenn man auf euch Frischlinge nicht immer aufpassen würde ... Frieder, Frieder, komm schnell her! Bente wollte seinen Stollen mit verkohlter Butter verfeinern!«

»Du hast doch gesagt, wir sollen ihn mit Fett bestreichen«, verteidigt sich Bente. Sein Herz pocht aufgeregt. Jetzt ist es gleich so weit! Ida und Frieder werden schrecklich mit ihm schimpfen, sie werden Schleck holen, und der wird Bente in hohem Bogen aus der Weihnachtsbäckerei werfen.

»Stimmt, das haben wir gesagt«, bestätigt Frieder und sieht dabei gar nicht so entsetzt aus, wie Bente erwartet hat. Nein, seine Mundwinkel zucken und seine spitze Wichtelnase auch.

»Aber wir meinten doch nicht so eine stinkende Pampe!«, ruft Ida. »Also wirklich, du Anfänger!« Sie bricht in glucksendes Lachen aus, und ihr Bruder kichert mit. Die beiden lachen so sehr, dass ihnen die Wichtelmützen von den Köpfen fallen. Sie halten sich die Bäuche und klopfen Bente auf die Schulter. Der kleine Engel zwingt sich zu einem Lächeln, aber innerlich schmiedet er schon einen neuen Plan.

Die Adventstage vergehen. Egal, was Bente auch versucht, um aus der Plätzchenbäckerei verbannt zu werden: Es gelingt ihm einfach nicht. Entweder springt Tilly ihm zu Hilfe, oder alles wird für ein Missgeschick gehalten. Andere Ideen, die ihm und Samson am Abend auf Bentes Schlafwolke oder im Hasenbau einfallen, mag Bente auch nicht durchführen. Mehl durch Gipspulver ersetzen zum Beispiel oder Rosinen durch das, was hinten aus den Schneehasen

rausplumpst, wenn sie besonders viele Kekskrümel gefuttert haben: So etwas würde Bente dann doch nicht tun. Er will schließlich niemandem Schaden zufügen.

Je weiter der Dezember voranschreitet, umso nervöser wird Bente. Wie kann er nur erreichen, dass Schleck ihn aus der Bäckerei schmeißt? Was soll er denn noch Dummes anstellen? Er hat nun wirklich alles versucht, und er will doch so gern am Heiligabend beim Engelskonzert mitsingen!

Kurz vor Weihnachten weiß Bente, dass die Zeit für verzweifelte Maßnahmen gekommen ist. Früh an einem Dezembermorgen, als es noch dunkel ist im Weihnachtsdorf und ein Schneesturm durch die Straßen fegt, flattert er als Allererster in die Bäckerei. Aus der Vorratsscheune holt er einen Sack mit gemahlenem Pfeffer, und er hat vor, diesen heute auch zu benutzen – bis zum letzten Pfefferkorn.

12

EIN HÄUSCHEN FÜR DIE PLÄTZCHEN

Möchtest du deine selbst gebackenen Plätzchen hübsch einpacken und verschenken? Dann bastel doch ein Kekshäuschen!

Du brauchst: Bastelvorlage

             Schere
             Locher
             Buntstifte
             Kleber
             Band

Bastelvorlage (Die findest du hier: buchstabenbande.com/keksschachtel)

1. Druck die Bastelvorlage aus und schneide die beiden Seiten des Häuschens entlang der schwarzen Linien aus. Stich je ein Loch durch die Punkte.

2. Dreh die Vorlagen um, sodass die gestrichelten Linien unten liegen. Jetzt kannst du die Hausseiten nach Lust und Laune anmalen: das Dach, die Fenster, die Fassade und vielleicht noch etwas Deko?

3. Falte die Vorlage entlang der gestrichelten Linien. Das sind die Klebekanten, an denen du die beiden Hausteile zusammenklebst.

4. Nach den Wänden kannst du nun auch den Boden zukleben.

5. Nun kannst du das Häuschen mit Plätzchen füllen. Zum Verschließen fädelst du ein Band durch die Löcher im Dach und bindest eine Schleife. Fertig!

13

PFEFFERTREFFER

Die Ausbildung der Jungbäcker ist zwar noch nicht abgeschlossen, aber so kurz vor Weihnachten haben Ida und Frieder keine Zeit mehr, die Engel zu unterrichten. In der Backstube ist jetzt so viel zu tun, dass selbst Schleck aus dem Labor kommt und mit anpackt. Schließlich sollen alle Kinder auf Erden am Heiligen Abend echte, magische Weihnachtsplätzchen auf ihren Bunten Tellern haben. Es herrscht ein ziemlicher Trubel in der Backstube, was sehr praktisch für Bente ist, weil so niemand merkt, was er vorhat.

Den Pfeffersack versteckt er unter seiner Schürze. Als Lenelotte sich kurz am Ofen aufwärmt, wirft er eine ordentliche Handvoll Pfeffer in ihre Backschüssel. Den Kakao für Adams Schwarz-Weiß-Gebäck vermischt er mit zwei Fäusten des scharfen Gewürzes, während Adam schnell für kleine Weihnachtsengel geht. Als Rasmus seine Schnauze durch das Fenster streckt, um Plätzchen zu mopsen, hält Bente ihm den

Pfeffersack hin. Das Rentier niest und verteilt dabei eine feine Schicht Pfeffer auf den angrenzenden Blechen voller Schoko-Mandel-Berge, Idas Lieblingskeksen.

So treibt es der kleine Engel, bis sein Pfeffersack leer ist. Dazu erfindet er ein neues Lied, das er leise vor sich hin summt: »*O du duftende ... o du würzig-süße ... plätzchenbringende Weihnachtszeit! Bente wirft viel Pfeffer ... in die Kekse – Treffer! Si-i-inge ... singe nun, oh, Engelein!*«

Am Abend sitzt Bente verschwitzt und müde, aber sehr zufrieden auf einem Butterfass und summt immer noch sein Pfeffertreffer-Lied. Dies ist sein letzter Tag in der Weihnachtsbäckerei gewesen, ganz sicher!

Eins nach dem anderen trotten die Weihnachtswesen aus der Backstube. Die Elfen flattern aus den Oberlichtern Richtung Weihnachtsbaumwald. Die Zwerge marschieren in ihre Höhlen, und die Engel schweben auf ihre Schlafwolken. Die Wichtel verziehen sich in ihre Blockhütten, wo sie sich in ihre Hängematten kuscheln. Manche Bewohner des Weihnachtsdorfes trotten noch in den *Himmlischen Boten*, um sich dort bei Heißem Eis und Apfelpunsch zu erholen.

Oberwichtel Schleck ist neben Bente der letzte in der Backstube. Er verbessert Zuckergusskringel und zieht Schleifen an fertigen Kekstüten fest, ohne Bente in seiner Ecke zu bemerken. Der kleine Engel beobachtet ihn gespannt. Irgendwann muss der Meisterbäcker doch mal ein Plätzchen kosten!

Aber das tut Schleck nicht, stattdessen fängt er an, die Sessel vor den Öfen zusammenzurücken. Er stellt getöpferte Becher und eine bauchige Flasche bereit. Schon klopft es an der Tür, und Bente zieht sich rasch hinter das Butterfass zurück, um nicht entdeckt zu werden. Doch er selbst kann gut beobachten, wie Schleck die Tür öffnet.

»Herein, herein, meine Lieben ... schon alles bereit!«

Ein Wichtel mit Kahlkopf betritt die Backstube, gefolgt von einem Postzwerg mit krummem Rücken und einer besonders kleinen Wichtelin in einem gestrickten Weihnachtskleid. Kurz darauf sind die Becher bis zum Rand mit Gewürzwein gefüllt, und die vier prosten sich zu.

»Willkommen zum Vorkosten!«, sagt Schleck feierlich. »Wie jedes Jahr ... ihr sollt alles probieren und die Plätzchenmagie prüfen. Zum Wohl!«

Die Becher klirren beim Anstoßen, dann hört Bente vier Paar Füße über die Holzdielen laufen.

Er schluckt. Nun ist es so weit, sie probieren die Plätzchen! Bente kann zwar nicht genau sehen, wer gerade welches Gebäck in den Mund steckt, aber er kann alles hören: knuspern, krümeln, schmatzen und dann ...

»Hatschi! Hatschi! Hatschi-schi-SCHIII!« Es ist ein einziges Nieskonzert, begleitet, von spucken und spotzen, von husten und hecheln. Bente lugt um das Butterfass herum. Dem Kahlkopf glänzt der Schweiß auf der Stirn, die Wichtelin hat Tränen in den Augen, dem Postzwerg tropft die Nase.

Oberwichtel Schleck ist knallrot angelaufen. »Pfä-bä-BÄÄÄÄH!«, brüllt er. »Pfeffer, viel zu viel PFEFFER! Die reinste Pfefferkatastrophe!«

14

WEIHNACHTEN IN GEFAHR

Bente verkneift sich das Lachen. Es hat geklappt, die Kekse sind ungenießbar, genau wie er es geplant hat! Doch ein wenig Mitleid mit Schleck und den anderen Vorkostern hat er auch. Die vier gucken gequälter als Lenelotte bei einem Spaziergang im Schnee.

Schleck hastet durch die Backstube, schnuppert, kostet und spuckt aus. Er wirbelt nur so umher, zerbricht Plätzchen und prustet Krümel auf den Boden, während seine Freunde sich mit einem ordentlichen Schluck Gewürzwein beruhigen. Sie stecken die Köpfe zusammen und wispern, blicken zu Schleck hinüber und zucken die Schultern.

»Geh schlafen, Schleck«, sagt der Kahlkopf freundlich. »Morgen sieht die Welt schon wieder anders aus.« Damit verabschieden sich die drei Vorkoster, und Bente traut sich endlich aus seinem Versteck.

»Bente ... was ... du hier?«, fragt der Wichtel erstaunt. »Gerade leider ... ganz schlechter Zeitpunkt.«

»Ich bin schon ... g-g-ganz lange ... na ja, h-hier. Ich weiß vom ... Pfeffer und so.« Nun fängt auch Bente an zu stammeln, weil ihn der alte Wichtel so traurig ansieht, als würde Weihnachten komplett ausfallen – für die nächsten 200 Jahre. »Ich muss dir unbedingt etwas ... also, ich glaube, ich kann dir helfen, ich ... «

Doch der Meisterbäcker hört gar nicht richtig hin. Er lässt sich in seinen Sessel plumpsen und legt den Kopf in die Hände. »Helfen?«, brummelt er. »Zu spät ... das war's mit Schleck.«

»Was soll das heißen?« Bente flirrt nervös mit den Flügeln. »Das ist doch alles nicht deine Schuld.«

Schleck rauft sich das schüttere Haar, seine Wichtelmütze ist ihm in dem Durcheinander fast vom Kopf gerutscht. Dann spricht er so viel, wie Bente ihn noch nie hat reden hören: »War in diesem Advent viel zu viel weg. Wollte mein Buch fertig schreiben: *Unheil im Weihnachtsdorf – ein Krimi in 24 Verbrechen*. Dabei habe ich anscheinend etwas Wichtiges übersehen.«

»Das bisschen Pfeffer ist doch kein Flügelbruch«, widerspricht Bente, dem es gar nicht gefällt, wie geknickt Schleck aussieht. »Du musst nur herausfinden, wer dahintersteckt, und ihn oder sie so schnell wie möglich aus der Bäckerei werfen. Ich ...«

Ein abgrundtiefer Wichtelseufzer unterbricht Bente. »Wer dahintersteckt?«, fragt Schleck. »Das ist egal, schließlich bin ich der Chef. Dieses Weihnachtsfest ... in Gefahr ...«

Bente bekommt einen Schreck. »Weihnachten ist in Gefahr, ist das dein Ernst? Aber wieso?«, fragt er.

Schleck reibt sich müde das Gesicht. »Wie viele Plätzchen wohl verdorben sind? Vielleicht alle, die Produktion der gesamten Adventszeit! Sie dürfen auf keinen Fall auf den Bunten Tellern landen. Und morgen wird schon der Schlitten des Weihnachtsmanns beladen.«

Bente begreift: Schleck wird aus Vorsicht keine Plätzchen zu den Menschen schicken, kein einziges Krümelchen. Wenn aber auf den Bunten Tellern keine echten Weihnachtskekse liegen, kann die Plätzchenmagie nicht wirken – und die Menschen bekommen kein richtiges Weihnachtsfest.

Bente fühlt einen dicken Teigkloß im Hals. Er wollte doch den Kindern das Fest nicht verderben! Und außerdem: Wenn alles herauskommt, darf er vielleicht – nein, ganz sicher – nicht mal mehr im Engelschor mitmachen. Wer will schon einen Engel dabeihaben, der das gesamte Weihnachtsfest ruiniert?

Dem kleinen Engel wird gleichzeitig heiß und kalt. Er hält es nicht mehr aus, dreht sich um und flattert aus der Bäckerei.

Die Nacht erscheint Bente heute besonders still und dunkel. Nur aus dem *Himmlischen Boten* dringen noch Licht und das Lachen einiger Weihnachtswesen, doch Bente will nicht hinein. Auch auf seine Schlafwolke und zum Schneehasenbau traut er sich nicht, er hat keine Lust darauf, dass Tilly oder Samson ihm Fragen stellen.

Schließlich landet Bente auf dem Zaun, der das Rentiergehege umgibt, und starrt hinaus in die Dunkelheit. Grüne Polarlichter flackern am Nordhimmel. Rasmus trottet herbei und stupst Bente mit der Schnauze an.

»Ich hab leider keine Kekse für dich«, entschuldigt sich der Engel. »Und selbst wenn, sie würden eh nicht schmecken.«

Rasmus blökt enttäuscht, stapft ein paar Schritte fort und beginnt, unter dem Schnee nach Essbarem zu wühlen.

Bente fühlt sich so allein wie eine einzelne Kugel am Weihnachtsbaum. Selbst singen hilft ihm diesmal nicht, seine Stimme klingt wackelig und dünn, und die einfachsten Texte fallen ihm nicht mehr ein. Er will gerade aufhören, da merkt

er, dass jemand mitsingt. Zugegeben, es ist eher ein grunzendes Röhren als echtes Singen, aber trotzdem: Als Rasmus da voller Inbrunst im Takt zu Bentes Lied vor sich hinbrummelt, wird Bente gleich etwas wärmer ums Herz.

Nun beginnt der kleine Engel ein anderes Lied. Rasmus trottet näher, legt seinen Kopf in Bentes Schoß und sieht ihn aus großen, dunklen Augen an. Bente streichelt über das weiche Rentierfell und singt weiter: »Rasmus, das süße Rentier ... liebt die Engel groß und klein ... Bente, der Engel, freut sich ... jetzt ist er nicht mehr allein!«

Ein besonders heller Nordlichtschimmer wabert über den Himmel und taucht Bente in sein geheimnisvolles Licht. Der kleine Engel überlegt noch einen Augenblick, dann flattert er vom Zaun und zurück zum Weihnachtsdorf. Auf der Dorf-straße schlägt er den Weg zur Plätzchenbäckerei ein. Schon im Flug krempelt er die Ärmel hoch. Hier kommt Bente! Und er macht alles wieder gut.

15

DICKE LUFT

Vorsichtig schiebt Bente sich durch die Tür in die Backstube. Drinnen ist es ganz still und dunkel, nur in einem Ofen glimmt noch ein Rest roter Glut. Es duftet wie immer köstlich nach Butter und Zimt, Holzfeuer und frisch Gebackenem. Aber auch ein scharfer Pfefferhauch liegt in der Luft. Bente kräuselt die Nase. »Ha... ha ... hatschü!«

Erschreckt lauscht er seinem Nieser hinterher. Doch nichts regt sich. Offenbar ist inzwischen sogar Schleck in seine Blockhütte am Ende der Straße gegangen.

Umso besser, dann kann es ja losgehen. Die Frage ist nur, wo? Bente schaltet das Licht ein und sieht sich um: Ausstecherli, Pfefferkuchen, Spekulatius, Makronen, Katzenpfoten und Spitzbuben – er hat so heute so unglaublich viele Kekse verdorben!

Bente beschließt, sich zuerst an die Ausstechplätzchen zu machen. Davon haben die anderen Jungengel und er in den letzten Wochen so viele backen müssen, dass er sie fast im Schlaf machen kann. Er schleppt alles heran, was er braucht: eine riesige Backschüssel, kiloweise Mehl und Zucker, Butter, Eier, und weil es aus dem Gewürzregal so gut duftet, kommen auch noch ein paar Löffel Anis dazu.

Nun muss Bente die Zutaten mit den Händen verkneten. Die Backschüssel ist so groß, dass er kopfüber darin hängt, mit den Armen bis über die Ellenbogen im Teig steckt und mit den Füßen in der Luft strampelt. Schließlich flattert er darüber und trampelt mit den Füßen in der Schüssel herum.

Während der Teig im Schnee abkühlt, sucht Bente schon mal die Ausstechförmchen. Bloß – wo werden die aufbewahrt? Bisher haben Ida oder Frieder sie immer geholt. Also durchwühlt Bente die Schränke. Er findet Teigroller, Goldstreusel, Backmatten und Bleche in Herzform, aber keine Förmchen. Ihm wird heiß vor Aufregung.

»Erst mal etwas trinken«, flüstert Bente sich selbst zu und flattert zum Waschbecken. Und da liegen sie, die Förmchen, und trocknen vor sich hin.

Endlich kann Bente seine Plätzchen ausstechen. Neunzehn Bleche füllt er mit Herzen, Sternen, Halbmonden, Engeln und Wichteln. Er trägt das erste Blech zu den Backöfen – und lässt es beinahe fallen.

»Die Zwerge!«, ruft er. Denn die sind natürlich nicht da, klar. Angeheizt sind die Öfen auch nicht, noch klarer, schließlich ist es nach Mitternacht. Leider hat Bente nicht die geringste Ahnung, wie so ein Backofen funktioniert!

Nun, in einem Ofen glimmt noch ein Rest Glut. Bente nimmt ein Holzscheit vom Stapel und legt ihn darauf. Die Glut wird dunkler.

»Oh, nein, nicht ausgehen!«, jammert Bente. Schnell will er das Scheit wieder rausholen, langt hinein und –

»Heiß! Aua!« Der kleine Engel lässt das Holzstück fallen, pustet auf seine Finger, und die Glut leuchtet auf. Bente stutzt und pustet erneut. Wieder glimmt es heller im Ofen, und Funken sprühen hoch. Einige landen auf dem Holz, und eine kleine Flamme springt daran hoch. Bente pustet wieder, und das Minifeuer erlischt.

Himmel! So schwer hat sich Bente das Feuermachen nicht vorgestellt. Er versucht es noch einmal, und nun brennt das Holz richtig an. Endlich kann der kleine Engel seine Plätzchen in den Ofen schieben. Am liebsten würde er sich jetzt in Schlecks Sessel sinken lassen, um sich auszuruhen. Wer hätte gedacht, dass Plätzchenbacken so schwierig ist, wenn man alles ganz allein machen muss? Bente ist total erledigt, Teig klebt an seinen Flügeln, und er spürt, dass er langsam müde wird.

Doch an Schlaf ist jetzt nicht zu denken. Er hat noch so viel zu tun! Bente sieht sich um, und sein Blick fällt auf die Schoko-Mandel-Berge, auf die Rasmus den Pfeffer geniest hat. Vielleicht sollte er die als Nächstes neu backen.

Wieder holt Bente eine Backschüssel, dann steht er vor dem Zutatenregal. Und steht und steht. Heute Nachmittag hat Ida den Teig vorbereitet, weil das ihre Lieblingsplätzchen sind. Deswegen hat Bente keinen Schimmer, was alles in den Teig gehört. Mehl? Bestimmt, das ist doch wohl immer drin. Schokolade? Sicher, das merkt man ja am Namen. Doch wie entstehen die Stücke im Teig? Ist Backpulver das richtige Triebmittel, oder gehört so etwas Merkwürdiges wie Rentiergeweihsalz hinein? Bente muss zugeben: Er weiß es nicht, und es gibt hier kein Buch, in dem er nachlesen könnte.

Plötzlich steigt ein beißender Geruch in Bentes Nase. Seine Kekse!

Bente reißt das Blech aus dem viel zu heißen Ofen und lässt es fallen. Ein Haufen kohlrabenschwarzer Asche ist alles, was von den Ausstechplätzchen übrig ist. Oje! Allein schafft er das nie! Da spürt er plötzlich einen Luftzug, der noch eisiger ist als seine Stimmung. Ein paar Schneeflocken wehen vorüber. Moment mal, Schnee in der Backstube?

Bente wirbelt herum. Die Tür zur Dorfstraße steht offen, und mit einem Lächeln flattert Tilly herein. »Ach, hier bist du, Bente«, sagt sie. »Ich habe dich schon überall gesucht.«

16

GEHEIMNISSE

Strahlend flattert das Engelsmädchen herein und tritt nebenbei gegen das Backblech mit den verbrannten Ausstecherli, das mit einem ohrenbetäubenden Scheppern gegen den Brennholzstapel schlittert, der wiederum – Rumpeldipumpel – in die Backstube kippt.

»Tilly! Mach doch nicht so einen Krach!«, ruft Bente erschreckt.

»Kann das nicht jedem mal passieren?« Tilly lächelt verschmitzt. »Was tust du eigentlich hier?«

Bente beginnt, das Holz einzusammeln. »Backen, sieht man doch«, murmelt er.

Tilly zeigt auf den Haufen Asche zu ihren Füßen. »Na, das läuft ja prima. Aber *wieso* backst du? Und warum mitten in der Nacht?«

Bente verzieht verlegen das Gesicht. »Das ... ich ... es muss sein, das ist alles. Verrat es niemandem, okay? Wie hast du mich überhaupt gefunden?«

»Ich habe mir Sorgen gemacht, weil deine Schlafwolke leer war«, erzählt Tilly. »Also bin ich dich suchen gegangen. Es war zum Glück schneeflockenleicht. Das Weihnachtsdorf schläft, und nur in der Backstube brannte noch Licht.«

»Oh«, sagt Bente. An das Licht hat er nicht gedacht. Hoffentlich fällt das nicht noch jemanden auf! Er sortiert das Brennholz fertig und fegt die Aschekekse zusammen. Tilly sieht ihm dabei zu.

»Du kannst jetzt wieder schlafen gehen«, sagt Bente. »Ich muss hier noch ein Weilchen weitermachen.«

»Eben!« Das Engelsmädchen krempelt die Ärmel hoch. »Ich habe zwar keine Ahnung, was du hier treibst, Bente, aber ich bin dabei. Was soll ich machen?«

Einen Moment starrt Bente Tilly sprachlos an. Meint sie das ernst? Will sie ihm helfen, ohne zu wissen, was los ist? Ihm wird weihnachtlich warm ums Herz. »Schoko-Mandel-Berge«, sagt er schnell. »Ich will Idas Lieblingskekse backen, aber ich weiß das Rezept nicht.«

»Aber ich«, sagt Tilly, nimmt eine Tüte gehackte Mandeln und schmeißt dabei das Salzfass um.

»Das kann doch jedem mal passieren«, sagt Bente automatisch, als sich das Salz wie frischer Schnee in der halben Backstube verteilt.

Da lacht Tilly und fällt ihm um den Hals.

»He, habt ihr es etwa ohne mich schneien lassen?«, sagt da eine dritte Stimme von der Tür her.

»Samson!« Bente hüpft vor Überraschung mitten in den weißen Salzhaufen. »Was willst du denn hier?«

Der Schneehase zuckt mit der Schnauze. »Ich wollte dich vom Abendessen abholen, Bente, aber du warst nicht da«, sagt er. »Und als du später auch nicht zum Spielen gekommen bist, bin ich lieber losgehoppelt, um dich zu suchen. Die Backstube war ...«

»Lass mich raten!«, ruft Bente. »Das einzige Haus mit Licht im ganzen Weihnachtsdorf.«

»Nö, das erste, in das ich mich hineingetraut habe.« Der Schneehase hüpft auf einen Backtisch. »Bin ich froh, dass ich nicht beim Weihnachtsmann oder in der Schule nach dir suchen musste! Von Xenia hätte ich sicher schön was zu hören bekommen.«

Beim Gedanken an seine strenge Wichtellehrerin wird Bente schon wieder ein bisschen flau im Magen.

»Alles in Butterplätzchen?«, fragt Samson besorgt. »Was tut ihr zwei so spät überhaupt noch hier?«

Bente und Tilly sehen sich an und sagen dann wie aus einem Mund: »Backen.«

»Und zwar ... ähm ... geheim«, ergänzt Bente vorsichtig. Er traut sich immer noch nicht, seinen Freunden die Wahrheit zu sagen.

»Geheim? Prima, ich liebe Geheimnisse! Fast so sehr wie Eisbeerenkekse!« Der Schneehase schleckt sich das Maul. »Vorschlag: Ich lasse es auf die Fenster schneien, damit niemand das Licht hier drinnen sieht, und als Gegenleistung bekomme ich ein paar Krümel von allen Keksen, die ihr macht. Gut?«

»Sehr gut!« Bente nickt, und dann werkeln sie los. Tilly kennt alle Rezepte, und Samson weiß vom Schlittschuhlaufen mit den Zwergen, wie man das Feuer am Laufen hält. Eigentlich läuft es rund bei Bente, Tilly und Samson, aber dennoch ist Bente nervös. Es liegt noch so viel Arbeit vor ihnen! Können sie das wirklich in einer Nacht schaffen? Ein-, zweimal sieht er nach, ob es draußen schon hell wird. Als er zum dritten Mal die Tür einen Spalt weit öffnet, blickt er nicht in die Nacht hinaus – sondern mitten in das haarige Nasenloch einer langen, spitzen Wichtelnase.

17

DAS KANN DOCH JEDEM MAL PASSIEREN

»Aah!«, schreit Bente.

»Beh!«, erwidert Frieder und fängt an zu lachen. Der Wichtel schiebt die Tür auf und betritt die Backstube.

»Soso«, sagt er. »Ich dachte mir doch, dass hier irgendetwas vor sich geht. Nicht wahr, Ida?«

Das Wichtelmädchen hüpft hinter ihrem Bruder in die Backstube. »Genau genommen dachten *wir beide* es«, sagt sie und sieht sich um. »Ja, was haben wir denn hier? Anis in den Ausstechern, verkohlte Plätzchen, Schoko-Mandel-Berge, mmh, und eine Menge Salz – richtig?«

»Kannst du hellsehen?«, fragt Samson.

»Versteckt ihr euch schon länger da draußen?«, vermutet Tilly.

Ida schüttelt lachend den Kopf. »Aber nein, wir können das riechen! Dank unserer feinen Wichtelnasen wissen wir immer genau, was in der Backstube los ist. Jedenfalls ziemlich genau.«

Sie rümpft die Nase, als sie ein paar kleine braune Kügelchen neben Samson liegen sieht. »Was. Ist. Das?«

Der Schneehase sieht erst das Wichtelmädchen an, dann blickt er neben sich. »Oooh, das ... das ist nur Schokolade, ehrlich!«, ruft er. »Bente hat gesagt, dass ich sie zerkleinern soll. Ich hab das mit meinen Nagezähnen gemacht und ... na ja ... aus Versehen fast alles aufgefuttert. Tut mir leid, Bente. Reichen die Krümel vielleicht für dein Rezept?«

Bente schüttelt den Kopf. »Nie im Engelsleben! Wir brauchen sehr viel Schokolade, um Plätzchen damit zu bestreichen. Ach, es ist alles sinnlos!« Der kleine Engel seufzt.

»Können wir helfen?«, fragt Frieder freundlich.

»Au, ja!«, ruft Ida. »Mitten in der Nacht haben wir noch nie gebacken!«

Bentes Herz klopft schneller. Schon wieder kommen hier zwei und wollen ihm beistehen, einfach so und ohne zu wissen, was los ist. Das ist so lieb von ihnen! Aber besonders weihnachtlich ist Bentes Schummelei ja nicht. Also nimmt er all seinen Mut zusammen und beginnt zu erzählen: von Liedern und der Chorwolke, von scharfen Pfefferplätzchen und einem völlig verdorbenen Weihnachtfest.

Danach hört Bente für einen Moment nur das Knistern der Scheite im Ofen. »Und? Was sagt ihr?«, fragt er schließlich.

Tilly zuckt mit den Schultern und ächzt schwer. »Ach, Bente ...« sagt sie langgezogen, doch dann grinst sie plötzlich. »Das kann doch jedem mal passieren!«

Da prustet Bente los vor Lachen. Ida und Frieder, die mindestens einmal pro Tag die Folgen von Tillys Missgeschicken wegputzen, lachen noch lauter. Und Samson, der Tilly vor ein paar Tagen völlig erfolglos das Schlittschuhfahren beigebracht hat, lacht am allerlautesten.

Bente und seine vier Freunde kichern, bis ihnen die Füße kribbeln. Denn dass Samson, Tilly, Ida und Frieder noch seine Freunde sind, das spürt Bente genau. Es ist ihnen vielleicht nicht egal, dass er das Weihnachtsfest in Gefahr gebracht hat, aber sie nehmen es ihm nicht übel. Schließlich hat jeder schon mal etwas gemacht, was nicht ganz in Ordnung war – sogar Engel und Wichtel und Schneehasen im Dorf des Weihnachtsmanns.

Als sich endlich alle beruhigt haben, fragt Frieder: »Was backen wir jetzt?« Und dann machen sie sich an die Arbeit. Sie backen Printen, Spekulatius, Makronen, Zimtsterne und Bethmännchen. Sie bestreichen mit Schokolade und Zuckerguss, bestreuen mit bunten Streuseln, Zuckersternen und Haselnusskrokant. Sie schleppen die Pfefferplätzchen nach draußen und hacken sie in so feine Krümel, dass nicht mal die Schneehasen sie noch futtern wollen.

Bente hat keine Ahnung, wie er all das jemals allein geschafft hätte.

Tilly betet ausnahmslos jedes Rezept herunter, das es gibt.

»Du bist ein Backbuch mit Flügeln«, sagt Bente zu ihr.

Ida und Frieder schleppen riesige Säcke mit Vorräten heran.

»Als wären das nur kleine Tütchen mit Keksen«, findet Bente.

Sein bester Freund Samson kümmert sich tapfer um die Backöfen, obwohl es ihm dort eigentlich viel zu warm ist. »Dafür bekomme ich hier die allermeisten Krümel ab«, sagt der Schneehase heldenhaft und fächelt sich mit den Ohren Luft zu.

So wirbeln und werkeln, so backen und basteln sie die ganze Nacht.

»Ich ... kann ... nicht mehr«, sagt Bente irgendwann und lässt sich in Schlecks Sessel sinken. Tilly hockt mit dem Rücken am warmen Ofen, hält Samson auf dem Schoß und streichelt ihn. Ihre Augen und die des Schneehasen fallen immer wieder zu. Ida und Frieder sitzen auf einem halbleeren Mehlsack wie in einem riesigen Kissen und schnarchen vor sich hin. Niemand hat mehr Kraft für einen einzigen Keks. Aber das ist auch nicht nötig, denn in der Backstube steht alles voller frischer Weihnachtsplätzchen.

»Wir haben es geschafft«, flüstert Bente glücklich. »Schleck kann morgen früh kommen und die Plätzchen an den Weihnachtsmann übergeben.« Leise beginnt er zu singen: »Morgen, oh, Schleck, wird's was geben, morgen früh kannst du dich freu'n ... Denn die Plätzchen für die Menschen werden wieder lecker sein ... Glücklich werden wir dann wach ... nach der langen Backenacht.«

Der erste Strahl der Morgensonne fällt durch eine Lücke im magischen Schnee, der die Fenster verdunkelt. »Es ist ja schon längst morgen früh«, murmelt Bente – und schlummert ein.

19

MEIN LIEBER WEIHNACHTSMANN

Bente ist kaum eingeschlafen, da schreckt er schon wieder hoch. Der magische Schnee ist von den Fenstern gerutscht, eine klare Wintersonne strahlt vom eisblauen Himmel. Ida und Frieder dösen, die Köpfe aneinander gelehnt. Tilly schnarcht, und Samson mümmelt unsichtbare Eisbeerenkekse.

Bente reibt sich die Augen. Es hat geklappt, es war kein Traum: Die vielen Plätzchen sind immer noch da! Aber schmecken sie auch? Ob er mal eins probieren soll?

Doch bevor er die Hand ausstrecken kann, hört er es im Hof rumpeln, dann quietscht die Tür vom Vorratsschuppen. Bente flattert zum Fenster. Oh, Schreck, Schleck! Anscheinend kommt der Oberwichtel extra früh, um noch ein paar neue Plätzchen zu backen!

»Aufwachen! Versteckt euch!« Bente scheucht seine Freunde auf. Rasch hoppelt Samson unter einen Backtisch, Ida und Frieder quetschen sich hinter den Brennholzstapel, und Bente

flattert mit Tilly auf einen Kron-
leuchter.

Kaum haben sich die fünf versteckt, erscheint Schleck an der
Tür. Er schlurft in die Backstube,
den Blick zu Boden gerichtet. In der
Hand hält er eine Papierrolle. Sie springt
ein Stück auf, als der Wichtel sie auf einen Tisch
legt. Es ist ein Brief. Von seinem luftigen Platz aus kann Bente
den Anfang lesen:

Mein lieber Weihnachtsmann!

Muss dir etwas beichten ...

Der Meisterbäcker schlurft zu seinem Sessel und lässt sich
tief hineinsinken. Die Bleche und Tüten mit dem frischen Gebäck hat er vor lauter Kopf-hängen-lassen noch nicht bemerkt.

Bente spürt ein unangenehmes Kribbeln im Bauch. In
diesem Brief will Schleck sicher beichten, dass die Plätzchen
alle verdorben sind und es dieses Jahr kein richtig magisches
Weihnachtfest geben wird. Aber das stimmt ja gar nicht mehr!
Bente muss den Brief haben, bevor der Weihnachtsmann ihn
entdeckt! Mit leisen Flügelschlägen flattert er vom Kronleuch-
ter und will gerade die Hand nach dem Brief ausstrecken, da
lässt Schleck einen riesengroßen Seufzer hören. Bente erstarrt
vor Schreck, was eine wirklich dumme Idee ist. Denn wer
seine Flügel nicht bewegt, plumpst schneller auf die Erde, als
er Plätzchen sagen kann. Boing!

»Aua!«, entfährt es Bente. Den Brief hat er nicht erwischt, dafür stehen nun zwei dicke Filzstiefel vor ihm. Meisterbäcker Schleck blickt abwechselnd von dem Engel auf dem Fußboden zu den frischen Plätzchen auf den Tischen, und seine Augen werden immer größer.

Bente rappelt sich auf. »Guten Morgen!«, sagt er fröhlich, als ob er jeden Tag auf dem Boden der Bäckerei aufwachen würde und nicht auf seiner Schlafwolke.

»Guten ... äh ... Morgen.« Schleck beachtet den Engel kaum, sondern blickt sich mit großen Wichtelaugen in der Backstube um. Mit den Händen wedelt er sich Luft zu, atmet tief ein und schnuppert. »Frische Plätzchen ... mmmh, ohne Pfeffer! Dafür ... aaah, Butter! Kakaoglasur ... und ... Anis? Alles backfrisch ... und mit paradiesischem Duft ... Das, also das ist ...« Schleck verstummt.

»Wunderschnee, nicht wahr?«, ruft Samson und hoppelt fröhlich unter dem Tisch hervor. »Das haben wir gebacken!«

Auch Tilly, Ida und Frieder kriechen nun aus ihren Verstecken.

Schleck blinzelt verwirrt. »Wunder... was?«, fragt er.

»Setz dich erst mal«, sagt Ida freundlich und führt den Wichtel zu seinem Sessel. Frieder eilt den beiden hinterher und holt einen Hocker für Schlecks Füße.

»Könnt ihr ihm bitte frisches Eiswasser zu trinken bringen?«, ruft er den anderen zu.

Bente sagt: »Klar!«, und Tilly sagt gleichzeitig: »Weihnachts-mann.«

Der kleine Engel sieht seine Freundin stirnrunzelnd an, doch die blickt starr Richtung Eingang. Bente dreht sich um. Die Tür zur Backstube hat sich erneut geöffnet und wird fast gänzlich von einem runden Kugelbauch und einem schneeflöckchenwei-ßen Bart ausgefüllt. Der Weihnachtsmann ist gekommen!

»Guten Mo-ho-horgen!«, dröhnt er fröhlich. »Schleck, alter Wichtelfreund, wo steckst du? Wir brauchen eine Ladung himmlischer Plätzchen, bitte! Für fröhliche Weihnachten auf der ganzen weiten Welt.«

Hinter dem Weihnachtsmann betritt Wichtel-lehrerin Xenia die Backstube. Mit ihren schar-fen Augen erfasst sie Schleck, der von Ida und Frieder umsorgt wird. Sie sieht die beiden En-gel und den Schneehasen, und sie entdeckt natürlich auch Schlecks verräterischen Brief. Bente, Tilly und Samson sehen sich alarmiert an. Sie müssen den Brief holen, bevor Xenia ihn bekommt! Nur *wie* sie das ma-chen sollen, da sind sie sich nicht einig. Bente will zum Brief fliegen und Tilly Xenia aufhalten. Beide starten mit Schwung – und stoßen in der Luft zusammen. Samson lässt derweil einen Riesenhaufen magischen Schnee fallen, um den Brief zu verstecken.

»Vorsicht, die Plätzchen ... nicht nass machen!«, ruft Schleck.

Ida und Frieder springen auf und pusten Schnee von den noch unverpackten Keksen. Es ist alles ein heilloses Durcheinander, bis ...

»Was um Himmels willen ... ist ... hier los?«, donnert Xenia.

»Och, gar nichts«, murmelt Samson. Bente kann zwischen den magischen Schneeflocken gerade so erkennen, wie er sich die Briefrolle schnappt und sie in die Ofenglut wirft. Das Feuer lodert auf, und der Brief ist verschwunden.

20

WAHRE WEIHNACHTSKUNST

»Ho, ho, ho!«, lacht der Weihnachtsmann und hält sich den wackelnden Bauch. »Ihr seid mir ja eine weihnachtsfröhliche Bande hier! Das finde ich himmlisch: gemeinsam arbeiten und gemeinsam Spaß haben. Und so, wie es hier adventsduftet, habt ihr beides glitzergut erledigt!«

Er klatscht in die Hände, und hinter ihm betritt eine lange Reihe kräftiger Packwichtel die Backstube. Mit geübten Handgriffen beginnen sie, die losen Plätzchen, die Tüten und Dosen in mit Sternchen bedruckte Kisten zu schichten.

Bente aber hat nur Augen für Xenia und den Weihnachtsmann. Die beiden schlendern an den Backtischen entlang, sie schnuppern hier und probieren dort. Während der Weihnachtsmann bei jedem Bissen breiter lächelt und immer wieder ho, ho, ho macht, bleibt Xenias Gesicht stets ernst.

»Oho!«, ruft der Weihnachtsmann schließlich und beugt sich über ein Backblech. »Gefüllte Ausstechherzen mit rosa Zuckerguss und Sternchen! Himmlisch-hübsch ...« Er knuspert laut vor sich hin, Krümel bleiben in seinem Bart hängen. »Und hier, nachtblaue Monde, die mit Silberpuder bestreut sind. Mmh, die schmecken ja köstlich! Maria, Josef, das Baby Jesus, Ochs und Esel – das ist ja eine Krippe aus Plätzchenteig! Wirklich wahre Weihnachtskunst. Gut gemacht, Schleck!«

Der Weihnachtsmann wartet keine Antwort ab, sondern läuft weiter durch die Backstube. »Und dann dieser Duft!«, schwärmt er. »Alles riecht wie frisch gebacken und nicht, als würde die Produktion schon die ganze Adventszeit laufen. Wie machst du das bloß, mein lieber Wichtelfreund?«

»Wie? Was?«, fragt Schleck zurück, dem offensichtlich alles zu viel ist.

Doch der Weihnachtsmann redet einfach weiter. »Und sag mal, Schleck, rieche ich hier etwa ...« Er führt ein Plätzchen dicht an die Nase. Bente sieht deutlich, dass Schleck mit dem Mund schon das Wort *Pfeffer* formt, doch der Weihnachtsmann leckt sich die Lippen und juchzt: »Wunderbar, echten Anis!«

»A-a-NIS?«, ruft Schleck.

»Gesundheit«, sagt der Weihnachtsmann mit einem fröhlichen Funkeln in den Augen.

Da endlich findet der Meisterbäcker seine Sprache wieder. »Kann nicht sein!«, ruft er. »War doch alles verdorben. Ich sag's dir, es waren Pfefferkuchen. Richtig scharfe! Jetzt aber ... das ist ... ein Weihnachtswunder!«

Da hält Bente es nicht mehr aus. So wie Schleck hier herumstottert, wird der Weihnachtsmann ihn noch für vollkommen unfähig halten, für einen Meisterdeppen, keinen Meisterbäcker. Und das alles nur seinetwegen! Das kann er einfach nicht mit ansehen.

Mit hängenden Flügeln tritt Bente vor. »Entschuldigung«, sagt er. »Ich denke, ich kann das alles erklären.«

»Was möchtest du erklären, kleiner Engel?« Der Weihnachtsmann beugt sich zu Bente hinunter, sodass sein Bart fast auf
dem Fußboden hängt. Sofort eilt Ida herbei, um ihn hochzu-
halten.

»Danke schön«, sagt der Weihnachtsmann und wirft sich
den Bart einfach über die Schulter. »Also, Bente, was hast du
zu sagen?«

»Ich ... also ... das war so ...«, beginnt Bente. Es ist gar nicht
leicht zu reden, wenn einen alle gespannt ansehen. Da fällt
ihm etwas ein: Er muss gar nicht reden, er kann ja singen! Also
stimmt er *Stille Nacht* an, eins seiner Lieblingslieder:

»*Stille Zeit, Weihnachtszeit ... Doch ich bin das Backen leid ... und
geh zum Singen im Engelschor ... denn dort kommt es mir schöner vor
... als in der Bäckerei, als in der Bäckerei.*

*Stiller Tag, Weihnachtstag ... Pfeffer, den keiner mag ... schmeiß
ich in die Plätzchen frisch ... und so können sie nicht auf den Tisch ...
bei dem Weihnachtsfest, bei dem Weihnachtsfest.*

*Stille Nacht, Weihnachtsnacht ... Heimlich wiedergutgemacht ...
Plätzchen sind ganz frisch und neu ... Helfen tun die Freunde treu ...
Was wird nun gescheh'n? Was wird nun gescheh'n?*«

Bente räuspert sich verlegen. »Die Pfefferplätzchen haben einfach scheußlich geschmeckt«, erklärt er. »Das wollte ich ja auch, damit Schleck mich aus der Bäckerei schmeißt und ich im Engelschor singen kann! Doch dann hat Schleck gesagt, dass Weihnachten in Gefahr ist. Logisch, denn die ekligen Pfefferplätzchen kann man auf keinen Fall zu den Menschen schicken. Aber dann fehlt doch die Plätzchenmagie, und Weihnachten wird nicht so schön, nicht so voller Liebe. Das wollte ich nicht! Also haben wir letzte Nacht alles neu gebacken. Ohne Samson, Tilly, Ida und Frieder hätte ich es niemals geschafft. Aber von meinem Pfefferstreich wussten sie nichts.«

In der Bäckerei könnte man ein einzelnes Mehlkörnchen fallen hören, so still ist es, aber das ist Bente nur recht. Er will gar nicht so genau wissen, was der Weihnachtsmann und Xenia jetzt über ihn denken. Dass er die Bäckerei verlassen muss, ist ja sowieso längst klar. Er räuspert sich und sagt: »Na, dann ... gehe ich jetzt mal. Fröhliche Weihnachten euch allen.« Mit hängendem Kopf schlurft er zur Tür. Er ist so traurig, dass er nicht mal mehr fliegen kann.

Da sagt jemand hinter ihm: »Wenn Bente geht, gehe ich auch!« Vier Pfoten trommeln auf die Dielen, und Samson hoppelt neben seinen besten Freund.

»Ich auch. Wartet auf mich!«, ruft Tilly. Sie flattert den beiden hinterher, stolpert über eine Kiste und fällt Bente direkt in die Arme.

»Wir gehen nur zusammen«, sagt das Engelsmädchen, und Bente wird ganz warm im Bauch.

21

DUMM WIE SCHAF

»Ho, ho, ho!«, ruft der Weihnachtsmann Bente und seinen Freunden nach. »Ihr seid ja schneller als meine 24 Rentiere! Wollt ihr nicht wissen, was *ich* zu der plätzchensüßen Sache zu sagen habe?«

»Und ich?«, fragt Xenia.

Bente bleibt stehen und dreht sich um. Er wäre wirklich lieber gegangen, ohne das Donnerwetter der beiden zu erleben, aber der Weihnachtsmann legt auch schon los: »Bente, du guckst so erschrocken wie die Hirten auf dem Felde. Glaubst du, ich will gleich meine Rute rausholen?«

Bente nickt betrübt. Xenia sieht aus, als wäre die Rute gar keine schlechte Idee.

»Du warst so unartig wie die frechsten Weihnachtsgeister«, fährt der Weihnachtsmann fort. »Und so dumm wie das dümmste Schaf.«

»He!«, ruft Samson. »Das ist mein bester Freund, mit dem Sie da reden. Bente ist nicht dumm, Bente ist ... besonders! Und außerdem ... na, ja, ich habe auch ein wenig nachgeholfen. Ohne mich wäre er sicher brav geblieben.«

Nun schaltet sich Xenia ein. »Die Idee, mit Pfeffer alle Plätzchen zu verderben, nennst du *besonders?*«, fragt sie streng.

»Aber ja!«, sagt Samson und nickt trotzig.

»Und einen Weihnachtsengel zu solchen Untaten zu verführen, nennst du *ein wenig nachhelfen?*«

»Vielleicht?« Nun legt der Hase unsicher den Kopf schief.

Die Wichtellehrerin schüttelt den Kopf – und fängt plötzlich an, so herzlich zu lächeln, wie Bente es noch nie gesehen hat. »Ja, das war wirklich eine besonders besondere Idee von euch«, sagt sie. »Du lieber Himmel, Bente, hast du wirklich geglaubt, dass deine Pfefferplätzchen das Schlimmste sind, was jemals ein Weihnachtswesen verbockt hat?«

»Oh, ja!«, sagt Bente voller Überzeugung.

Doch die Augen des Weihnachtsmanns funkeln. »Oh, ja? Oho, ho, ho, nein!«, lacht er. »Mir fällt da zum Beispiel ein Engelchen ein, das das Jesuskind gekitzelt hat. Die Weisen aus dem Morgenland dachten, dass das Baby sie auslacht, und fanden das gar nicht lustig.«

»Oder der Schneehase, der vor 400 Jahren eine kleine Eiszeit auf die Erde gezaubert hat – vor Wut über zu wenig Kekskrümel!«, erzählt Xenia kichernd.

Nun schiebt sich Ida nach vorne. »Nicht zu vergessen die beiden Wichtel, die an jedem Adventssonntag einen neuen Streich gespielt haben«, sagt sie und zwinkert ihrem Bruder zu.

»Oder auch zwei«, ergänzt Frieder lachend.

Bente ist gleich etwas leichter ums Herz. Wie gut, dass auch andere Weihnachtswesen solche Dummheiten machen!

»Und Schlecks Brief?«, fragt nun Samson. »Wenn die Pfefferplätzchen gar nicht so schlimm waren, warum wollte Schleck dem Weihnachtsmann dann beichten, was passiert ist? Warum hat er nicht lieber schnell alles neu gebacken?«

»Brief? Was für ein Brief?« Nun ist es am Weihnachtsmann, verwirrt zu gucken.

Der Meisterbäcker seufzt. »Ich dachte nicht, dass man in einer Nacht alles neu backen kann«, erklärt er. »Habe also einen Brief verfasst. Dass einer meiner Bäcker so unglücklich ist ... und ich merke nichts ... erschreckend! Dachte, ich bin langsam zu alt ... zu alt für die Bäckerei. Ich fürchtete, dieses Weihnachten ist mein letztes als Meisterbäcker.«

Bente schluckt. Er hat noch gar nicht daran gedacht, dass er nicht nur das Weihnachtsfest, sondern auch Schlecks Laufbahn in der Backstube in Gefahr gebracht hat. »Und darf Schleck jetzt wirklich kein Meisterbäcker mehr sein? Nur wegen mir?«, fragt er leise.

»Ach, papperlapapp!« ruft der Weihnachtsmann. »Fürchte dich nicht, Schleck, du wirst die Bäckerei noch tausend Jahre leiten. Und fürchte dich nicht, Bente! Ich will dich nicht bestrafen, ich will dich loben!«

»Ja?«, fragt Samson.

»Ja?«, fragt auch Bente.

»Ja, ja, ja«, erwidert der Weihnachtsmann. »Du hast in den letzten Tagen nicht nur dumme, sondern auch viele wunderbare Dinge getan! Erstens: Du hast Freunde gefunden, die dir geholfen haben, ohne warum und woher zu fragen. Sie wollten einfach für dich da sein, weil du so ein lieber Engel bist.«

Bente hat plötzlich ein Kribbeln im Bauch wie beim Singen der schönsten Weihnachtslieder. Er sieht seine Freunde an und nickt ihnen zu. »Danke«, flüstert er.

»Zweitens«, fährt Xenia fort. »Du hast heute Nacht – zusammen mit Samson, Tilly, Ida und Frieder – einige der besten Plätzchen gebacken, deren süßer Duft jemals durch unser Weihnachtsdorf gezogen ist.«

Bente spürt nun ein breites Grinsen in seinem Gesicht. Von Xenia ist ein einziger Satz mehr wert als eine lange Rede vom Weihnachtsmann!

»Drittens«, brummelt nun Schleck. »Mutig von dir, uns allen die Wahrheit zu sagen.«

»Sehr mutig«, ergänzt der Weihnachtsmann. »Zu seinen Fehlern und Schwächen zu stehen, das ist wahrlich lichterleuchtend und krümelköstlich – so richtig weihnachtswarm!«

Vor Erleichterung werden Bentes Knie butterweich, und er bekommt keinen Ton mehr heraus. Aber zum Glück muss er auch gar nichts sagen, das übernimmt sein bester Freund für ihn.

»Wunderschnee! Ist doch alles geklärt, oder?«, sagt Samson. »Dann können wir ja endlich zum wichtigen Teil übergehen.«

Alle sehen ihn erstaunt an. »Und was ist der wichtige Teil?«, fragt Xenia.

»Ist das nicht eiswürfelklar? Immerhin haben wir die ganze Nacht gebacken und noch kein Frühstück bekommen. Ich für meinen Teil könnte einen Kekskrümelberg in der Größe eines Rentiers verdrücken!«

»MÖÖÖH?«, macht es vor dem Fenster, und eine braune Fellnase stupst heftig gegen die Scheibe.

»Rasmus!« Tilly flattert sofort zu ihrem tierischen Freund, um ihn fest zu umarmen und ihm ein paar Kekse zuzustecken.

»Ho, ho, ho!«, ruft der Weihnachtsmann. »Ihr verkündigt mir eine große Freude: ein fröhliches Keksefuttern! Packwichtel, eine Kiste der besten Plätzchen, bitte!«

Bente weiß kaum, wie ihm geschieht, aber im nächsten Augenblick steht ein Bunter Teller mit allerlei Keksen vor ihm, und er knuspert und knabbert, dass die Krümel nur so nach links und rechts fliegen.

22

BENTE BLEIBT

Alle futtern sich richtig satt. Bente hat Samson auf dem Schoß. Neben ihm sitzt Tilly und verfüttert die Keksteigreste an Rentier Rasmus, der so verliebt aussieht, dass seine Nase rot leuchtet. Ida und Frieder hocken ihnen gegenüber und jonglieren mit Mehlsäcken.

Bente könnte glücklich sein, dass alles so gut ausgegangen ist, aber eine Sache stört noch wie Backpulver im Hefeteig: Er weiß nicht genau, wie es mit ihm weitergeht. Werden Schleck, Xenia und der Weihnachtsmann ihn aus der Bäckerei werfen? Werden sie ihn im Engelschor mitsingen lassen? Oder wird er sogar von allen Aufgaben ausgeschlossen? Immer wieder linst Bente zum Weihnachtsmann hinüber, der mit Xenia vor den warmen Backöfen sitzt und ihr Urlaubsfotos zeigt. Dafür, dass er bald auf große Geschenkereise um die Welt aufbrechen muss, ist er die Weihnachtsruhe selbst.

»Na los, geh schon und frag einfach«, sagt Samson, als sein Freund zum ungefähr 24. Mal zum Weihnachtsmann hinüberspäht.

»Na, gut. Aber kannst du mitkommen?«, fragt Bente leise.

Samson hoppelt von Bentes Schoß auf den Fußboden. »Dafür sind Freunde doch da! Die Krümel kann ich auch später noch auffuttern.«

»Das bin ich beim Wandern in den Alpen, und hier surfe ich auf Hawaii«, sagt der Weihnachtsmann gerade zur Wichtellehrerin. »Und dort ... Ja, Bente? Was möchtest du?«

Was er möchte? Das weiß Bente leider auch nicht mehr. »Wo soll ich denn jetzt ...«, stammelt er. »Meine Aufgabe ... backen ... oder singen?«

Der Weihnachtsmann legt seine Fotos weg. »Ich will dir mal etwas verraten, Bente«, sagt er. »Seit über 2000 Jahren werden jetzt schon Engel für besondere Weihnachtsaufgaben ausgewählt. Die ersten waren die Verkündigungsengel, sie erzählten den Menschen von Jesu Geburt.«

»Und sie sangen davon«, sagt Bente.

»Natürlich, das große Engelskonzert am Himmel über Bethlehem!« Der Weihnachtsmann nickt. »Andere Engel sind gut im Basteln, im Beleuchten oder im Backen, und passend dazu bekommen sie ihre Aufgaben. Ich habe mir also durchaus etwas dabei gedacht, als ich dich für die Weihnachtsbäckerei ausgewählt habe. Ich glaube, dass du ein wunderbarer Bäckerengel sein kannst! Aber ich bin bereit, einmal in 2000 Jahren eine Ausnahme zu machen. Wenn du es willst, Bente, darfst im Engelschor singen. Ab sofort. Entscheide es selbst.«

Sofort denkt Bente an das Singen auf der Chorwolke, an den Glitzer, das sanfte Leuchten und die schönen Melodien. Ach, war das himmlisch! Doch schon schieben sich andere Bilder dazwischen: Tilly mit ihrem Supergedächtnis für Rezepte ... Ida und Frieder, die immer hilfsbereit und lustig sind ... Lenelottes Zähneklappern und Adams ständiges Kritzeln ... Schlecks Gebrummel ... das Ächzen der Zwerge an den Backöfen ... das Flattern der niedlichen Elfen ... und natürlich der köstliche Duft ... Bente spürt es genau: Er fühlt sich in der Plätzchenbäckerei einfach rundherum weihnachtswohl.

»Ich bleibe hier«, sagt Bente fest und kann sich gerade noch einen Keks nehmen, bevor seine Freunde ihm jubelnd um den Hals fallen.

Auch der Weihnachtsmann ist mit Bentes Entscheidung sehr zufrieden. Mit einem lauten Ho-ho-ho stimmt er in das Lachen ein. Dann fällt sein Blick auf die Sternenuhr über dem Ofen. »Lieber Himmel, so spät schon? Ich muss los. Wichtel, bitte kommt und helft mir packen!« Er klatscht in die Hände, und die Packwichtel verabschieden sich von Schleck, der ihnen Märchen erzählt hat, und machen sich wieder an die Arbeit.

Es dauert nicht lange, und man hört von draußen ein zartes Klingeln. Samson hoppelt zur Tür, späht hinaus und winkt Bente und Tilly zu. Rasch flattern die beiden zu ihm.

»Seht nur! Der Schlitten ... wunderschnee!«, raunt Samson andächtig.

Bentes Mund klappt auf. Das, was da vor der Bäckerei steht, kann eigentlich gar nicht sein. Auf dem golden und rot bemalten Schlitten des Weihnachtsmanns türmen sich die Kisten und Päckchen fast bis zum Himmel. Es sind so viele, dass sie eigentlich gar nicht hineinpassen dürften, aber sie passen, und kein einziges fällt herunter. Festgebunden ist alles mit bunten Schnüren, an denen glänzende Kugeln hängen, Tannenzweige und silberne Glöckchen. Sie bimmeln jedes Mal, wenn ein Packwichtel eine Kiste Plätzchen auflädt oder eins der Rentiere ungeduldig mit dem Huf scharrt. Und das kommt wirklich häufig vor, denn es sind genau 24 Rentiere vor den Schlitten gespannt. Sie stampfen und prusten, und die Glöckchen bimmeln im Takt.

»Kling, Glöckchen, klingelingeling«, singt Bente. *»Kling, Glöckchen, kling ... Wichtel, Engel, Elfen ... kommt schnell her zum Helfen ... ladet auf die Plätzchen ... für die Kinderschätzchen ... Kling, Glöckchen, klingelingeling. Kling, Glöckchen, kling!«*

Gerade als Bentes Lied endet, klettert der Weihnachtsmann auf den Kutschbock. »Ho, ho, ho, es geht los!«, ruft er und gibt den Rentieren die Zügel frei. Sie ziehen an und erheben sich in die Lüfte.

Der Weihnachtsmann winkt nach unten. »Auf Wiedersehen, meine lieben Weihnachtswesen! Menschenkinder, ich komme!«

Die Glöckchen am Schlitten bimmeln, und Bente stimmt noch ein Lied an. »*Jingle bells, jingle bells, jingle all the way ... Weihnachtsmann ist auf dem Weg, bringt Plätzchen und Geschenk' – hey! ... Jingle bells, jingle bells ...*«

Der Schlitten ist inzwischen nur noch ein kleiner Punkt am Himmel. Aber man hört noch das leise Rufen von oben: »Fröhliche Weihnachten! Fröhliche Weihnachten der ganzen Welt!«

23

BENTES SCHÖNSTE LIEDER

Kling, Glöckchen, klingelingeling

Kling, Glöck-chen, klin-ge-lin-ge-ling, kling, Glöck-chen, kling!

Wich-tel, En-gel, El-fen, kommt schnell her zum Hel-fen.

La-det auf die Plätz-chen für die Kin-der-schätz-chen.

Kling, Glöck-chen, klin-ge-lin-ge-ling, kling, Glöck-chen, kling!

2. Sing, Bente, singelingeling   beim Kneten und beim Backen,
Sing, Bente, sing!   Naschen und Verpacken.
All die Weihnachtslieder   Sing, Bente, singelingeling
singst du immer wieder   Sing, Bente, sing!

126

Stille Nacht

Stil - le Zeit, Weih - nachts - zeit! Doch ich bin das Backen leid
geh zum Sin - gen im E - engels - chor denn dort kommt es mir schö - ö - ner vor,
als in der Bäck - er - ei a - als in der Bäck - er - ei.

2. Stiller Tag, Weihnachtstag.
   Pfeffer, den keiner mag
   schmeiß ich in die Plätzchen frisch.
   Und so können sie nicht auf den Tisch
   bei dem Weihnachtsfest, bei dem Weihnachtsfest.

3. Stille Nacht, Weihnachtsnacht.
   Heimlich wiedergutgemacht.
   Plätzchen sind ganz frisch und neu.
   Helfen tun die Freunde treu.
   Was wird nun gescheh'n? Was wird nun gescheh'n?

24

JETZT IST WEIHNACHTEN

In dem Augenblick, als der Weihnachtsmann mit seinem Schlitten nur noch ein sterngroßer Glitzerpunkt am Nachthimmel ist, passiert etwas Wunderbares: Im Weihnachtsdorf geht die Beleuchtung an allen Weihnachtsbäumen auf einmal an. Die Lichterketten an den Straßen und die Sterne in den Fenstern leuchten im gleichen Moment auf. Mit einem großen »Aaaah!« und »Oooh!« strömen alle auf die Straßen: Wichtel und Engel, Zwerge und Elfen, Schneehasen und die Rentiere, die zu alt oder zu jung sind, um mit dem Weihnachtsmann um die Welt zu fliegen.

Eine Glocke beginnt zu läuten, und Meisterbäcker Schleck ist einer der ersten, der sich auf den Weg macht zur großen Weihnachtsfeier im *Himmlischen Boten.*

»Prima, Junge«, brummt er Bente im Vorübergehen zu. »Dass du bleibst, meine ich ... prima ... immer schön backen und singen, ja?«

»Nichts lieber als das, Schleck!« Bente strahlt. »Ich könnte gleich anfangen. Sollen wir noch ein paar Plätzchen b...?«

Aber da hält ihm Tilly den Flügel vor den Mund, und Samson lässt einen Minischneesturm entstehen, der Schleck die Straße hinabweht.

»Was denn?«, fragt Bente seine Freunde.

Tilly lacht. »Es ist Weihnachten, und wir haben Ferien, Bente! Auch Engel brauchen mal eine Pause.«

»Und Schneehasen erst!« Samson wackelt müde mit den Ohren. »Oh, freu ich mich auf meinen Bau ...«

Bente nimmt seinen Freund auf den Arm. »Aber zur Weihnachtsfeier kommst du mit, ja?«, fragt er.

»Klar!« Samson sieht gleich wieder wacher aus. »Luzindes Karamellkekse sind einfach legendär.«

Alle Bewohner des Weihnachtsdorfs drängeln sich im Café. Schleck und Xenia trinken heißen Apfelwein, und Xenia spricht irgendwann nur noch in Reimen. »Heißer Apfelwein, der schmeckt so fein. Frische Plätzchen ... für mein – hicks! – Schätzchen?« Und sie himmelt Schleck verliebt an.

Die Ofenzwerge spielen Armdrücken, wobei sie nicht nur ihre Fäuste, sondern auch heiße Kohlen festhalten. Ihre Handflächen rauchen, aber das stört die feuerfesten Zwerge nicht. Die Elfen sitzen im Gebälk, das das Strohdach hält, und leuchten in wechselnden Farben. In einer Ecke des Cafés macht der Engelschor Einsingübungen. Bente winkt Chorleiterin Alba zu, während er sich zum Tresen vorarbeitet.

»Fünfmal *Heißes Eis* und ganz viele Karamellkekse, bitte«, sagt er zu Luzinde. »Für mich und meine Freunde.«

Er strahlt, als er das geschmolzene Zimt-Walnuss-Karamell-Eis mit Eisschneehaube und eine große Keksschale in Empfang nimmt und an Samson und Tilly, Ida und Frieder weitergibt. Die fünf Freunde schlagen sich die Bäuche voll, freuen sich an den Lichtern von Luzindes Weihnachtsbaum und wickeln jeder ein Geschenk der guten Engelsoma aus.

Gegen Mitternacht ist es so weit. Die Chorengel stehen auf und verlassen den *Himmlischen Boten*. Auch die Bewohner des Weihnachtsdorfs leeren ihre Becher und Teller und treten auf die verschneite Dorfstraße hinaus. Unter der Chorwolke, die direkt über dem großen Weihnachtsbaum schwebt, treffen sich alle. Und dann beginnt das Weihnachtskonzert der Engel.

»*Hört der Engel frohe Lieder ... klingen das Weihnachtsdorf entlang*«, singen sie. Bente kennt natürlich jedes Wort. Es ist genau das Lied, das er neulich bei der Probe belauscht hatte.

»*Und die Straßen hallen wider ... von der Chorengel Gesang*«, singen die Engel. Eine zweite und eine dritte Stimme setzen ein. Die Engelswolke beginnt, sanft golden zu leuchten.

Bente rückt näher an Samson heran, und Tilly kuschelt mit Rasmus. Alle Bewohner des Weihnachtsdorfes werden still und lauschen.

»*Glo-ooo-oh, ooo-oh, ooo-oria*«, singen die Engel. Alba schwingt den Taktstock und wirft Glitzer über den Chor, der bis nach unten zu den Zuhörern rieselt.

Und Bente? Der holt natürlich Luft und singt mit. Er denkt gar nicht groß darüber nach, es passiert einfach so. Er trällert seine selbst erfundene Oberstimme, und es ist völlig egal, dass er eigentlich nicht zum Engelschor gehört: Singen kann schließlich jeder, jederzeit und überall! Die Chorwolke leuchtet heller und heller, bis der himmlische Glanz das ganze Dorf

erstrahlen lässt. Er strahlt bis in Bentes Herz hinein.
Bäcker oder Sänger, das ist doch eigentlich gar nicht
wichtig. Er ist Bente, er darf backen *und* singen!
Und das alles, weil vor 2000 Jahren ein Baby namens
Jesus geboren worden ist, das Liebe und Frieden
in die Welt bringen will.

Bente spürt es in der kalten Luft und sieht es
im Glitzern der magischen Schneeflocken,
er riecht es im Zimtduft und sieht es in
den Lichtern am Weihnachtsbaum:
Jetzt, genau jetzt ist Weihnachten.

© Tomas Rodriguez

Über die Autorin

Singen, basteln, backen und knuspern: Anne Scheller liebt die Adventszeit! Doch da der Weihnachtsmann ihr immer noch keine Aufgabe zugeteilt hat, schreibt sie eben Kinderbücher – und das ist mindestens genauso schön.

Über die Illustratorin

Stefanie Klaßen malte schon als Kind immer und überall. Als sie mit 7 Jahren erfuhr, dass es den Beruf der Illustratorin gibt, wollte sie das unbedingt werden! Sie studierte Illustration an der Fachhochschule für Design in Münster und ist nach dem Diplom 2009 der Stadt treu geblieben. Sie arbeitet als Illustratorin für verschiedene Verlage.

© Stefanie Klaßen

VORLESEN!

Unsere kunterbunt illustrierten Vorlesebücher warten darauf, entdeckt zu werden:

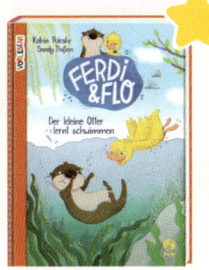 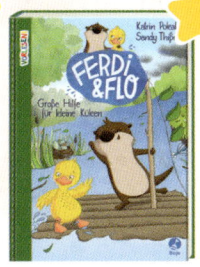  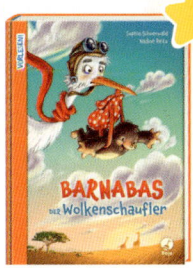 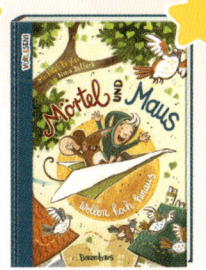

  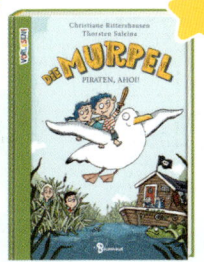 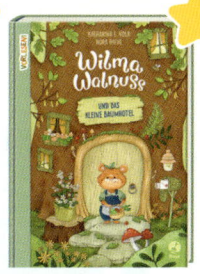 

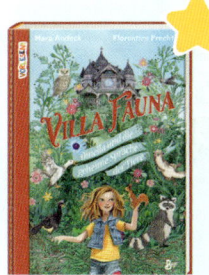   

 Mach ein Kreuzchen an die Vorlesebücher, die du schon hast. So behältst du den Überblick.

Mehr erfahren unter

BuchstabenBande.com/vorlesen

Viel Spaß mit den Stickern!
Wenn du magst, kannst du die Sticker vorn ins Buch
kleben oder dein Kekshäuschen damit verzieren.